全棟耐震等級3のスーパー工務店
サトウ工務店の標準仕様書

デザイナーズ工務店の**木造住宅納まり図鑑**

佐藤高志［サトウ工務店］

X-Knowledge

## はじめに

1968年新潟県三条市（旧下田村）で、工務店を営む家に長男として生まれ、大学進学のために上京、卒業後は営業マンとして自動車ディーラーに就職した。しかし、4年半ほど経過したころ、父より家業を継ぐように半ば強制的に新潟に連れ戻される。

そもそも、家業である工務店の仕事は大嫌いで、継承する気などさらさらなかった。したがって、私はそれまで建築の勉強は一切したことがない。しぶしぶ入社するも父と一緒に仕事をする事に抵抗があった私は「修行へ行く」と逃げるように長岡市内の建築会社へ就職した。この会社は「個性ある住まいづくり」をモットーとする会社で、私は現場監督を担当していたが、そこで初めて住まいづくりの楽しさを知った。しだいに、営業、設計、現場のすべてを一人で全部やってみたいと思うようになり、実家に戻り家業を継ぐことになった。34歳の時であった。

本格的に建築を目指すタイミングがずいぶんと遅れてしまったが、住まいづくりの面白さを知ってからの建築の勉強はまったく苦ではなく、あれだけ嫌だった工務店の仕事が今ではとても楽しく続けられている。会社は、社員大工3名、申請業務1名、私の計5名と小規模だが、年間で新築住宅6〜8棟、リノベーション数棟と、この数年安定して仕事をさせてもらっている。

そして、この本のテーマである「納まり」は、私が住まいをつくるうえで特にこだわっているものの1つである。なぜなら、納まりの良し悪しが、意匠面だけでなく機能性、メンテナンス性、耐久性、施工性などすべてに大きく影響するからだ。ただし、自社の住まいで採用した納まりは、一部は世に出ている納まり図集からヒントを得たものもあるが、多くは現場で大工や職人と話し合いながら、私の頭の中にあるイメージを具体化したものだ。おかげでキチンとした図面が残っていない。

もちろん、平面、展開、断面などの2次元の詳細図に起こしたものもあり、それがこの誌面に反映されているのだが、2次元の詳細図だけだと、私自身が納まりが悪いことに気づかなかったり、その納め方が施工者に伝わらなかったりもする。そこで、できるだけ現場の大工や職人と話し合ったり、さらにそれを踏まえたうえで「SketchUp」といった3DCGソフトを使って検討したりするようになった。本書でも3DCGがたびたび登場しているのは、そういう理由からである。ともかく、納まりにおいては、現場の大工や職人の経

験や知恵、技術を反映することが最も重要だと思っている。

　また、私が納まりにこだわるもう1つの理由が、「褒められる」「驚いてもらえる」ということだ。住宅完成後に同業の方に見てもらう機会が多いのだが、その際に「これどうやって納めたの？」「どうしたらこんなにきれいに仕上がるの？」と質問されることがあり、何とも言えない幸福感を感じてしまう。建て主に喜んでもらえるのももちろんうれしいが、同業者に褒められた時のうれしさといったらない。この本の企画を2つ返事で受けせていただいたのも、読者の皆さんにこの納まりを見ていただきたい、という気持ちがあったのは間違いない（ので、感想やご意見をお待ちしております）。

　デザインだけでなく、構造や性能にも配慮し、さらに大工や職人の意見も反映した納まりであるが、読者の皆さんはどのようにご覧になるのだろうか。もちろん、私もまだまだ発展途上であり、プロの目から見れば、もっとこうしたらよいというものもあるかもしれないし、私もまだまだよりよい住まい、納まりを追及していきたいと思う。ともかく、本書が木造住宅の設計や施工、そのほか家づくりのさまざまな場面で、少しでも参考にしていただけるものであれば、幸いである。

佐藤高志

CONTENTS

002　はじめに

# 1章　造作・照明

008　スッキリ幅木
008　スッキリ廻り縁
009　ゼロ見切の上がり框
009　土間スペースの上がり框
010　塩ビシートの上がり框
010　立上りが小さい上がり框
011　ブラックで空間にメリハリを
011　内壁のスギ下見板張り
012　凹み床
013　光床
014　安価な天井格子
015　崩落しない2×8材の天井
015　ガラスの間仕切壁
016　合板の床
016　スチール柱
017　ステンレス床柱
018　吊り下げレンジフード
019　トップライトの間接照明
020　天井掘り込みの間接照明
021　シーリングをフラットに
021　カバー付き間接照明
022　家具埋込みの間接照明
022　手摺壁埋込みの間接照明

# 2章　内外建具

024　スッキリ引込み戸
025　格子建具
025　既存姿見で建具をつくる
026　チャイルドゲート（スチール格子）
027　チャイルドゲート（木製引戸）
028　スッキリ窓枠（一般部）
028　安価でシャビーな建具
028　モイスでつくった隠し建具
029　スッキリ窓枠（出窓）
030　スッキリ窓枠（コーナー）
031　全開口サッシ（既製品3本レールの引違い）
032　全開口サッシ（既製品2本レールの引違い）
033　ルーバー引戸で日射遮蔽
034　固定ルーバーで日射遮蔽
034　ハンドルのない玄関ドア
035　窓の存在を消すルーバー
036　既製高断熱玄関ドアと一体化したFIX窓
037　製作した高断熱の木製玄関引戸
038　既製断熱サッシを使った玄関ドア

# 3章 階段・手摺

040 らせん階段（スチール製）
041 最小限片持ち階段（スチール製）
042 片持ち連続階段（木製）
043 片持ち連続階段（スチール製）
044 収納付き半片持ち木製連続階段
045 木製の半片持ち連続階段
046 手摺一体パネル階段
047 段鼻に堅木を使った階段
048 直進のスチール最小限階段
049 雁行させたスチール最小限階段
050 鉄骨リノベ階段1
050 鉄骨リノベ階段2
051 ミニマムな手摺受金物
052 製作スチール手摺
052 外部雁行階段
052 SPF階段

# 4章 家具・収納

054 低座面ソファ
055 造作固定ソファ
056 ベンチ型ソファ
057 シンプルなダイニングテーブル
058 スチール枠のダイニングテーブル
058 ミニマムなローテーブル
059 脚のないミーティングテーブル
060 ミニマムなフロートタイプのテレビ台
061 木製フロートタイプのテレビ台
062 壁掛けテレビ＋デッキは壁の中に収納
063 壁掛けテレビ＋デッキは小上がりに
063 浮いてるテレビ台

063 Jパネルでつくった打合せブース
064 3層パネルの本棚と収納
064 耐風梁兼リビングボード
064 奥行が変わる玄関収納
065 現場で組立て可能なロフトベッド
066 木製ベッドフレーム
067 押入れスノコの中棚
067 エッジのきいたシューズボックス
068 洋服掛けパイプの受け
068 階段踊り場の収納ボックス
068 手摺付きの下駄箱
069 段々下駄箱
070 独立した外収納
070 スキップフロア収納庫
070 超ローコスト下駄箱

# 5章 水廻り

072 シャビーなキッチン
074 オールステンレスなキッチン
076 脚のないテーブルと連続するキッチン
077 既製システムキッチンを使い高級感を出す
077 モイスでつくる食器棚
078 CB積みで勝手場風のキッチンに
079 モイスでつくるⅡ型キッチン（シンク側）
080 モイスでつくるⅡ型キッチン（コンロ側）
081 洗面は白カウンターでシンプルに
082 洗面は木のカウンターでカジュアルに
083 スプルース3層パネルの洗面化粧台
084 トイレ背面収納
085 フルオープンサッシ付きの浴室
086 十和田石でつくる浴室
088 FRPとタイルでつくる浴室
089 浴槽を床とフラットに
090 トタン風な浴室

# 6章 外壁・外構

- 092 超定番の羽目板張り
- 092 目透かし竪板張り
- 093 目透かし横板張り
- 094 超定番の雨板張り
- 095 スギ板押縁押さえ
- 095 焼きスギ板張り
- 096 ガルバリウム鋼板横葺き
- 096 ガルバリウム鋼板立平葺き
- 097 無塗装のフラット3×10板
- 098 準不燃材の木毛セメント板
- 098 異なる外壁材の組合せ
- 099 塊感を出せるジョリパッド
- 099 RCフェンス
- 100 ガラスブロックのカーテンウォール
- 101 ガラスブロックのフェンス
- 102 目透かし張りの木製フェンス
- 103 雨板張りの木製フェンス
- 104 ポリカ波板フェンス
- 105 ヒノキのウッドデッキ
- 106 屋根上デッキ

# 7章 屋根・庇

- 108 緩勾配屋根
- 108 急勾配屋根
- 109 途中で勾配が変わる屋根
- 109 軒の出ゼロの納まり
- 110 薄い軒先
- 111 深い軒先
- 112 よじれている軒裏をもつ庇
- 113 軒天見切
- 113 最小限雨樋
- 114 雨樋隠し板
- 115 内樋
- 115 軒先に雨樋を付けない
- 116 極薄吊り庇
- 117 ガラスの庇
- 118 矩折り庇
- 119 大型の庇
- 119 ミニマムな合板＋板金の板庇
- 120 ミニマムなスチール庇
- 121 バルコニーと庇を一緒に
- 122 持ち出しバルコニー
- 123 ガラスの渡り廊下

**デザイン**：マツダオフィス
**DTP**：シンプル
**印刷**：シナノ図書印刷

# 1章

## 造作・照明

床、壁、天井の仕上げ材の選定は住環境に大きく影響する。また、その素材の納め方も非常に重要となり、各部の納まりによって印象が大きく異なる。選択された良質な素材をそのまま素直に表現するには、余計な部材を目立たせずにいかに潜在化させるかがポイントとなる。もちろん施工性や使い勝手も同時にクリアしなくてはならない。

## 造作　スッキリ幅木

幅木は施工性、意匠性、メンテナンス性を考慮し、いかに潜在化させるかを詰める部分になる。自社では壁材に比較的堅いモイスを使用しているため、「目透かし」させるだけのシンプルな納まりとしている。目地底には白い小口テープが貼ってある

■ 断面図（S＝1:5）

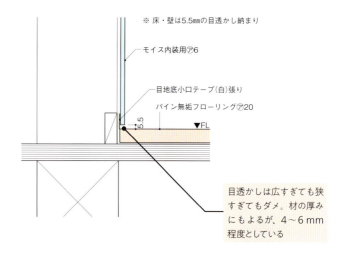

※ 床・壁は5.5mmの目透かし納まり
モイス内装用⑦6
目地底小口テープ（白）張り
パイン無垢フローリング⑦20
▼FL

目透かしは広すぎても狭すぎてもダメ。材の厚みにもよるが、4〜6mm程度としている

壁より出がある幅木とした場合、それを納めるために建具枠などの出も必要になってくる。また、家具を壁面設置する時、幅木の出のぶん壁と隙間があいてしまうなど、全体の納まりに大きく影響してくる。全体をシンプルにスッキリと納めるには、この納まりのように出っ張りのない幅木が向いている

## 造作　スッキリ廻り縁

■ 断面図（S＝1:5）

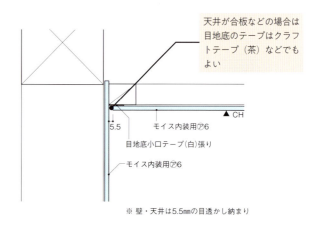

天井が合板などの場合は目地底のテープはクラフトテープ（茶）などでもよい

モイス内装用⑦6
目地底小口テープ（白）張り
モイス内装用⑦6
▲CH

※ 壁・天井は5.5mmの目透かし納まり

可能なら「突付け」で納めてより潜在化させたいところだが、それでは施工性やメンテナンス性に難が出る。こちらもやはり「目透かし」で納めるのが無難。これなら天井が合板など異素材の場合も同じように納められる

## 造作　ゼロ見切の上がり框

無垢フローリングの実加工が分からないように表面から1／3程度（6〜7mm）を残し下部を欠きとる。そこをアルミのLアングルで受け、框の立上りをモルタルで仕上げる。こうすることで、ゼロ見切の上がり框が完成する

■ 断面図（S＝1:6）

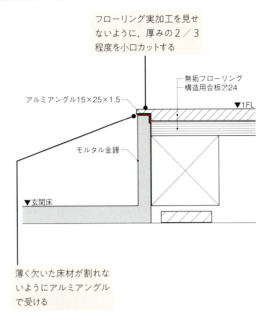

- フローリング実加工を見せないように、厚みの2／3程度を小口カットする
- 無垢フローリング 構造用合板ア24
- アルミアングル15×25×1.5
- ▼1FL
- モルタル金鏝
- ▼玄関床
- 薄く欠いた床材が割れないようにアルミアングルで受ける

各部の取り合いには、施工性を考慮すると見切部材が必要となってくる。しかし、意匠的にはそれがないほうがよい場合が多い。したがって、見切部材があっても見えないように納める方法を検討した

## 造作　土間スペースの上がり框

この物件では、意匠上土間床ではなく白い壁と上がり框の素材を合わせたいので、白いキッチンパネルを利用した。意匠だけでなく濡れや汚れクラック対策といった機能面でもメリットがあった

■ 断面図（S＝1:6）

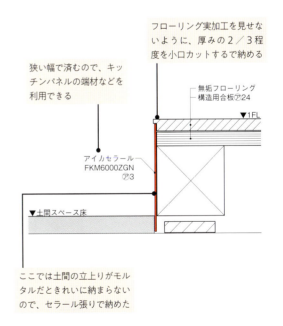

- フローリング実加工を見せないように、厚みの2／3程度を小口カットするで納める
- 狭い幅で済むので、キッチンパネルの端材などを利用できる
- 無垢フローリング 構造用合板ア24
- ▼1FL
- アイカセラール FKM6000ZGN ア3
- ▼土間スペース床
- ここでは土間の立上りがモルタルだときれいに納まらないので、セラール張りで納めた

| 造作 | 塩ビシートの上がり框 |

モノトーンのスッキリした空間。床が長尺塩ビシートの場合の上がり框もアルミアングルを利用し、スッキリと納める

■ 断面図（S＝1:6）

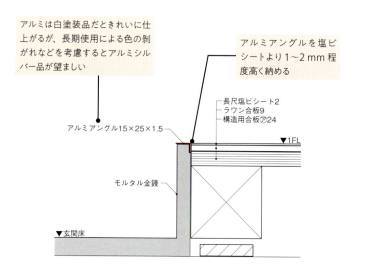

アルミは白塗装品だときれいに仕上がるが、長期使用による色の剥がれなどを考慮するとアルミシルバー品が望ましい

アルミアングルを塩ビシートより1～2mm程度高く納める

長尺塩ビシート2
ラワン合板9
構造用合板⑦24

アルミアングル15×25×1.5

モルタル金鏝

▼1FL
▼玄関床

| 造作 | 立上りが小さい上がり框 |

マンションなどでよくある段差の小さな上がり框の例。立上り面積が小さいので、モルタル仕上げとせずにアルミ部材をそのまま上がり框とした

■ 断面図（S＝1:6）

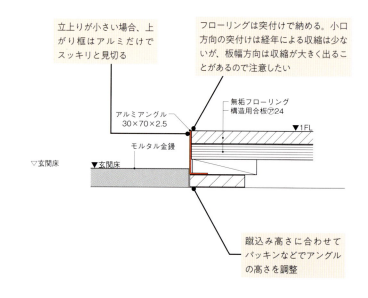

立上りが小さい場合、上がり框はアルミだけでスッキリと見切る

フローリングは突付けで納める。小口方向の突付けは経年による収縮は少ないが、板幅方向は収縮が大きく出ることがあるので注意したい

アルミアングル30×70×2.5

無垢フローリング
構造用合板⑦24

モルタル金鏝

▽玄関床
▼玄関床
▼1FL

蹴込み高さに合わせてパッキンなどでアングルの高さを調整

## 造作 ブラックで空間にメリハリを

ラワン合板仕上げの空間にロフト部分のみをクロス貼りとし、ローコストながらインパクトのある空間に。ハシゴはパイン集成材の塗装（黒）仕上げ

廊下の床を一段上げ、床壁材（パイン）をオイルステイン（黒）で仕上げた。手前の白い空間（壁：クロス、床：塩ビシート）との明暗差により、メリハリのあるモダンな空間となった

## 造作 内壁のスギ下見板張り

地域のスギ材を使った下見板張り。和風の印象が強くなる材でも、使い方しだいではモダンな空間にも映える。緊張感と親近感の融合した空間となった

屋内が外部的な空間に感じられるように、入れ子状に配置された各ブースには外壁として用いられるスギ下見板張りを施した

| 造作 | 凹み床 |

タイル、塩ビシート、クロス、ポリ合板といった素材の違う「白」が混在する空間。いかに煩雑さが出ないように気を付けたい

リビング中心の床を一段下げた例。下段床はタイル、上段床は塩ビシート。段差の垂直面400mm程度の部分に壁材（クロスなど）別の素材を持ってくると煩雑さがでてしまうので、上段床と同じ塩ビシートで垂直面も仕上げた

■ 断面図（S＝1:15）

使用素材が多いと図面上は複雑になるが、いかにシンプルに仕上げるかがポイントになる

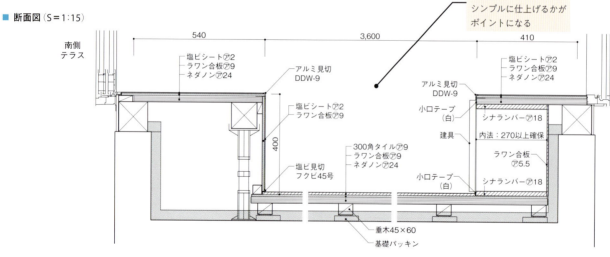

各部取り合いがスッキリと見えるように見切はすべてアルミ材を使用している

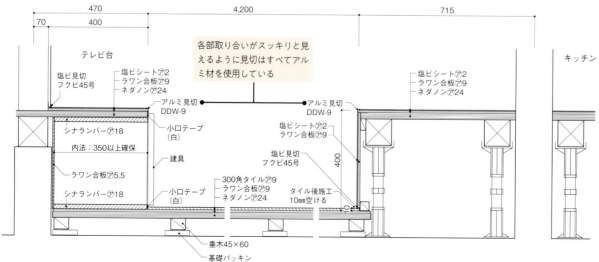

## 造作 光床

黒く塗装された垂木の上にポリカボネートを接着。両面テープや部分的なシーリング接着の場合、上部に透けて見える。そこで設置する垂木部分を全面シーリングでベタ張りした。はみ出しや気泡も残せない超難易度の高い施工である

上階の明かりを下階に落すにはとても有効な手段の光床。きれいに明かりが落ちる場所なだけに納まりのキレイさにも十分に配慮したい

■ 断面図（S＝1:8）

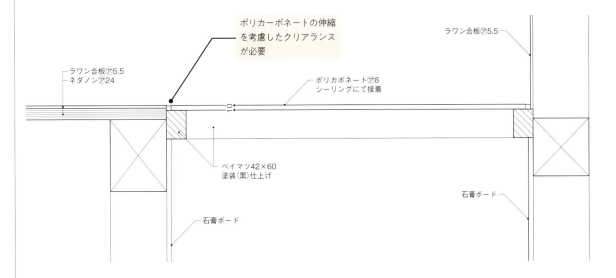

ポリカーボネートの伸縮を考慮したクリアランスが必要

ラワン合板⑦5.5
ネダノン⑦24

ポリカーボネート⑦8 シーリングにて接着

ラワン合板⑦5.5

ベイマツ42×60 塗装（黒）仕上げ

石膏ボード

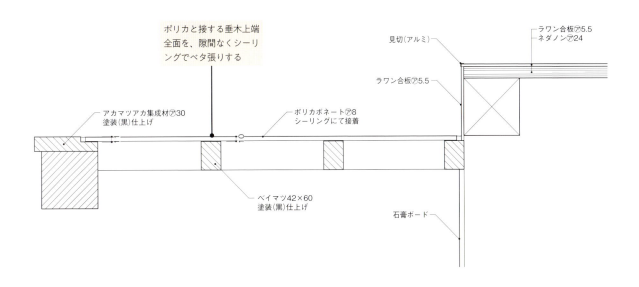

ポリカと接する垂木上端全面を、隙間なくシーリングでベタ張りする

見切（アルミ）

ラワン合板⑦5.5
ネダノン⑦24

ラワン合板⑦5.5

アカマツアカ集成材⑦30 塗装（黒）仕上げ

ポリカーボネート⑦8 シーリングにて接着

ベイマツ42×60 塗装（黒）仕上げ

石膏ボード

| 造作 | 安価な天井格子 |

コストはかけたくないが、意匠的に懲りたい場合に採用している。天井は構造露しのまま黒く塗装した野縁を流すだけ。塗装のコストも落としたいなら、墨汁などを使いDIYでラフに塗装する方法も

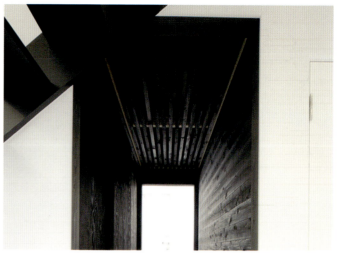

全体的には明るめの住まいの中で4.5帖程度の和室や廊下など比較的小面積の天井に採用するとバランスがよくより効果的

■ 断面図（S＝1:8）

- 野縁上で照明の配線を隠蔽できるように計画する
- 垂木：45×60（無塗装）四方と中心に一本
- 野縁：33×33（ブラック）@66以内
- ボード（クロス張り）

下地材は透けて見えるが、下地材を無塗装とし格子となる野縁のみを黒く塗装することでそれほど目立たなくなる

- 垂木：45×60（無塗装）四方と中心に一本
- 15mmあけ
- 野縁：33×33（ブラック）@66以内
- ボード（クロス張り）

■ 展開図（S＝1:40）

照明はスポットライトが無難かもしれない。壁付けブラケットなどの場合、下から天井へ明かりを当てることになり、天井懐内が見えやすくなってしまう

- 天井：詳細図参照
- スポットライト（レール付き）
- 壁：針葉樹合板⑦9 ブラック塗装
- クロス張り
- 2,100
- 1,760
- 51
- 建具：針葉樹合板⑦9 ブラック塗装
- 床：針葉樹合板⑦9 ブラック塗装

## 造作　崩落しない2×8材の天井

地震時に体育館やプールの天井が崩落することがあるが、これは天井が上部構造から吊るされたつくりだからだ。自社の事務所では上部構造（屋根）から吊られていない自立した天井としている

垂木（SPF）2×8材を角度を付けて山なりに拝ませ、水下部分は壁にしっかり固定。この時点で吊り木がなくても天井垂木が自立する。あとは垂木の上に合板を乗せて留付ければ落ちない天井となる

## 造作　ガラスの間仕切壁

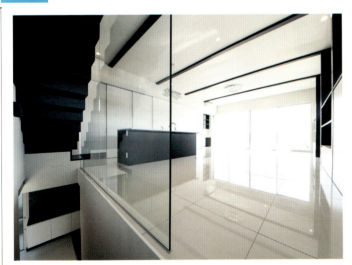

階段室の壁を強化ガラスにした例。注意点はガラスに荷重をかけないこと。ガラス上部の梁がガラスと接していると、雪や積載荷重で梁がたわんだ際にガラスが破損する可能性がある。この例ではガラスと構造と十分なクリアランスが確保されている

階段室の壁をガラスにすることで、階段自体を意匠的に見せることができ、LDKもより広く感じることができる

## 造作　合板の床

コストダウンを図って床をラワン合板にした例。ラワン合板1枚1枚に色味のバラツキがあるので、現場もしくは出荷前に選り分けが必要となる

こちらもコストダウンを図り構造用合板を床に使用した例。合板表面はサンダーを掛け、黒く塗装した。床張り前に行うサンダー掛けと塗装はさほど技術の要らない作業なので建て主にDIYでしてもらうこともある

## 造作　スチール柱

極力細く意匠的に満足させたい時にスチールの柱を使ってみる。木の柱と比較すると相当小さい径でも大きな鉛直荷重を負担できる。また柱頭や柱脚などの一部だけなら座屈もしにくいため、さらに細くすることも可能。この例では、柱頭と柱脚に金物工法のホゾパイプを溶接、梁や土台とドリフトピンで緊結している。注意すべきは梁や土台との接地面積が小さいとめり込みが生じるので、一定サイズのベースプレートが必要となる

■ 断面図（S＝1:6）

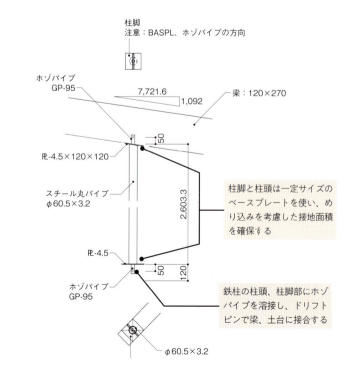

柱脚と柱頭は一定サイズのベースプレートを使い、めり込みを考慮した接地面積を確保する

鉄柱の柱頭、柱脚部にホゾパイプを溶接し、ドリフトピンで梁、土台に接合する

## 造作　ステンレス床柱

写真では分かりにくいが、床柱にはステンレスの丸パイプを使用。表面はステンレスを電気的に酸化発色させて被膜を黒に近い色に調整している。ちなみにステンレスの表面にそのまま塗装をしてしまうと、とてもチープになってしまうので床柱にはそぐわない

モダンなリビングに隣接する和室にステンレスを酸化発色させた床柱を採用した例。重厚感とシャープさがモダンな空間になじむ

### ■ 断面図（S＝1:25）

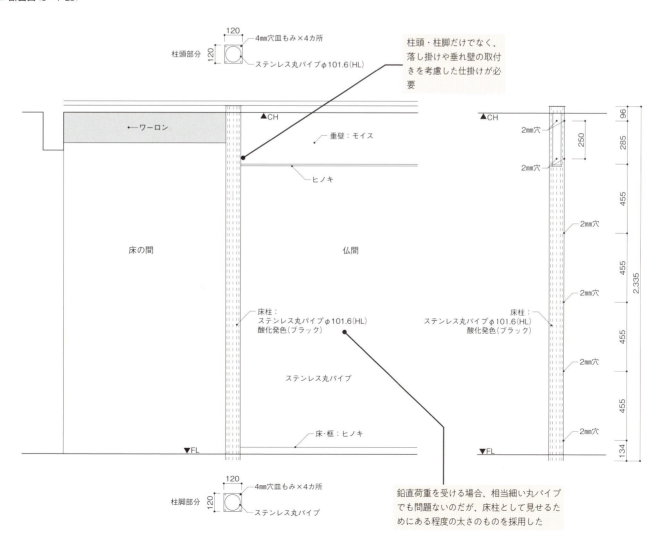

柱頭・柱脚だけでなく、落し掛けや垂れ壁の取付きを考慮した仕掛けが必要

鉛直荷重を受ける場合、相当細い丸パイプでも問題ないのだが、床柱として見せるためにある程度の太さのものを採用した

| 造作 | 吊り下げレンジフード |

鉄骨倉庫を住宅にリノベーションした物件のキッチン。スチールフレームを製作してレンジフードを天井から吊り下げた。重量のあるレンジフードが揺れないようにフレーム内に丸鋼のブレースが入っている

竣工後に訪れてみたら、ワイルドな建築に負けない、男前のカッコいいキッチン空間となっていた。キッチン本体の詳細は72頁で説明するが、この建築に合う武骨でオリジナリティあるキッチンとなった

■ 断面図（S＝1:20）

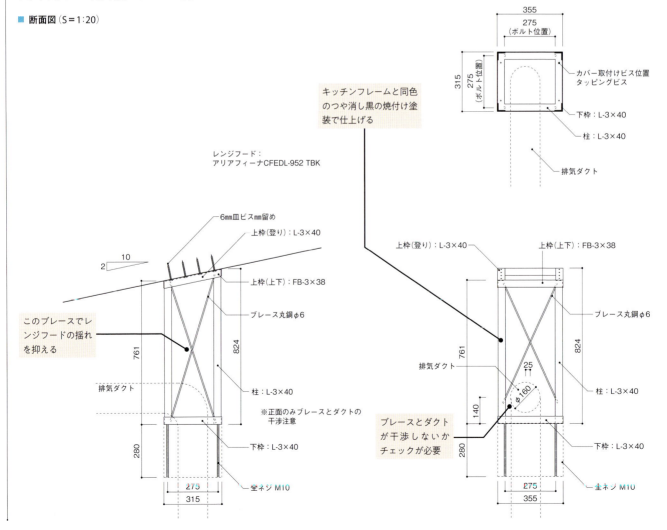

## 照明 トップライトの間接照明

夜でもこの空間を明るくしておきたい。そこでトップライトの筒状の壁内に照明器具をビルトイン。この物件ではキッチンの手元灯も兼ねている

垂直窓の3倍程度の明るさを確保できるというトップライト。特に建物の中心に設けるとその効果は絶大である。また、直射日光が入らないように北向きに配置した

■ 断面図（S＝1:15）

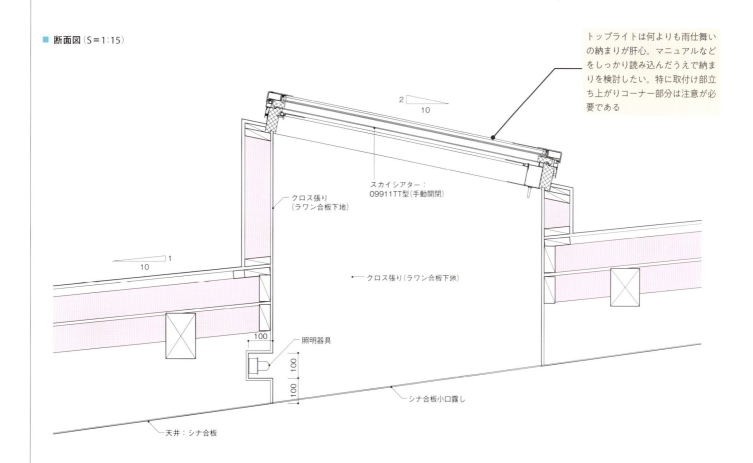

トップライトは何よりも雨仕舞いの納まりが肝心。マニュアルなどをしっかり読み込んだうえで納まりを検討したい。特に取付け部立ち上がりコーナー部分は注意が必要である

スカイシアター：09911TT型（手動開閉）
クロス張り（ラワン合板下地）
照明器具
シナ合板小口露し
天井：シナ合板

## 照明　天井掘り込みの間接照明

倉庫を住宅にリノベーションした現場で、48帖のLDKの天井に採用。部屋の一番奥を明るくすることでより奥行きが強調された空間になった

部屋の真ん中に主照明として採用した例。コンパクトで熱を発しにくいLEDだと最小限の掘り込みでスッキリ納められる

壁面の光を見てわかる通り、掘り込みの深さによって光の広がり方が変わる。部屋の用途や設置位置によって深さを調整したい

こちらも左上写真同様に部屋の奥に設置した例。天井の形状を際立たせる効果もある

## 照明 | シーリングをフラットに

一般的なペンダントの吊り下げ部分。大きなカバーでシーリングを隠している。フラットに納まる既製品もあるが、照明器具が限定されてしまう

オリジナルでつくったフラットシーリングカバー。オリジナルといっても市販の部材をいくつか組み合わせただけもので、具体的にはピンホールのダウンライト（パナソニック「LGB70084K」）と水栓用パッキン（カクダイ「9175」）を組み合せて自作。パッキン部が可動するので、勾配天井にも設置が可能だ

## 照明 | カバー付き間接照明

壁材が幅910 mmのモイス、天井は1,820 mmの合板が勾配なりに張ってある。すると天井では勾配分のノビが出て壁との目地が合わない。天井材の2枚目に120 mmの間接照明を設けることでこの目地のズレを解消している

■ 断面図（S＝1:10）

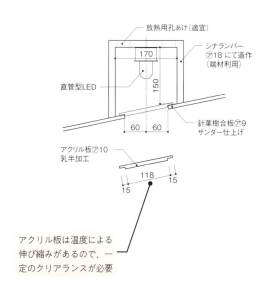

## 照明　家具埋込みの間接照明

シューズボックスの上下に間接照明を埋め込み、浮遊感を演出した。足元と顔の認識ができるので、ほかの照明器具はここでは不要となる

■ **断面図**（S＝1:10）

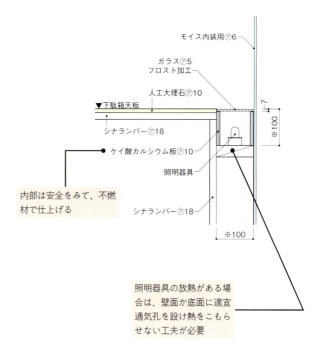

内部は安全をみて、不燃材で仕上げる

照明器具の放熱がある場合は、壁面か底面に適宜通気孔を設け熱をこもらせない工夫が必要

## 照明　手摺壁埋込みの間接照明

2階廊下の手摺壁に間接照明を仕込んだ例。照明器具の設置深さにより光の広がり方を調整できる

■ **断面図**（S＝1:10）

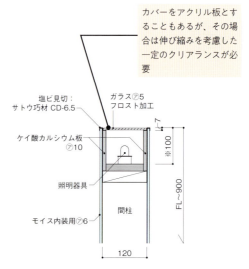

カバーをアクリル板とすることもあるが、その場合は伸び縮みを考慮した一定のクリアランスが必要

この照明だけだと足元が暗くなるので、廊下などでは適宜フットライトなどを設置する

# 2章

# 内外建具

開閉する機能をもつ建具に何を求めるかにより、納まりを検討する必要がある。たとえば、全開時の解放感を求める場合は、全開時の建具と枠周りをいかに潜在化させるかが重要となり、建具その物に意匠性を求める場合は、素材や形状、繊細な寸法の検討が重要である。また、外部建具に関しては断熱性、気密性、防水性といった性能の確保が最重要となる。

## 建具　スッキリ引込み戸

自社では引戸を開放したまま暮らしてもらうプランの提案が多い。引戸は開放状態でいかに潜在化させるかが納まりのポイントとなる

自社の壁材は比較的表面の硬いモイスを採用しているので、見切など使わずにきれいに戸袋穴を納められる

■ **断面図**（S＝1:10）

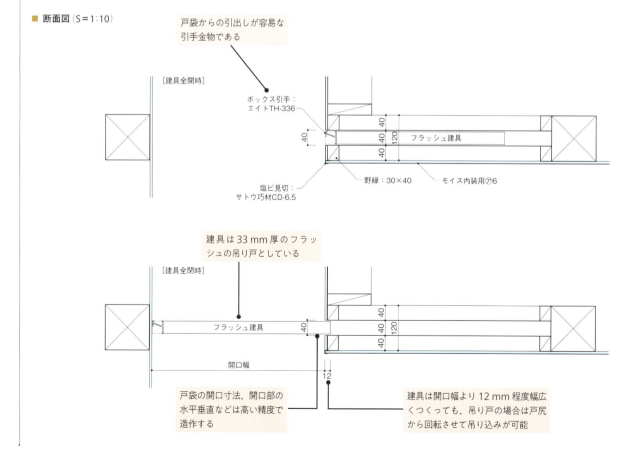

戸袋からの引出しが容易な引手金物である

ボックス引手：エイトTH-336

塩ビ見切：サトウ巧材CD-6.5

野縁：30×40　モイス内装用⑦6

フラッシュ建具

建具は33mm厚のフラッシュの吊り戸としている

戸袋の開口寸法、開口部の水平垂直などは高い精度で造作する

建具は開口幅より12mm程度幅広くつくっても、吊り戸の場合は戸尻から回転させて吊り込みが可能

## 建具　格子建具

どの程度目隠し効果を期待するかによって格子のサイズやピッチを検討する。写真の物件では、格子建具に合わせたデザインで袖壁も設けられている

玄関とLDKの温度差をつくらないために格子の建具を提案。素材はタモの無垢材を使用。やや重量があるので戸車も重量用タイプを採用

## 建具　既存姿見で建具をつくる

建て主が以前愛用していた姿見を利用して収納の建具とした例。重量があるのでそれに見合った耐荷重の戸車を選択する必要がある

重量がある建具は閉めたときの跳ね返りも大きいので、クローザーやストッパーも検討する必要がある

| 建具 | チャイルドゲート（スチール格子）

階段吹抜けの手摺と合わせチャイルドゲートをスチールでスッキリつくってみた。意匠上はもちろん光の取入れや冷暖空調の循環も妨げないものとなった

錠の仕掛けは、アルミサッシのクレセントを流用。手づくり感がなく、まるで既製品のような完成度の高いものとなった

■ 断面図（S＝1:15）

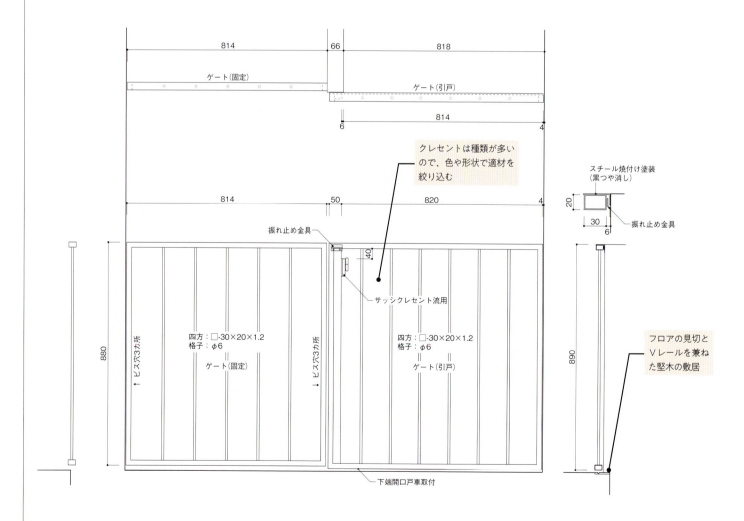

## 建具　チャイルドゲート（木製引戸）

後付でチャイルドゲートを納めた例。ほかの建具と同じシナベニアの引戸。戸が閉じたときに振れ止めにある木ダボが引戸上面に空けてある穴に落ち、自動でロックされる仕組み

堅木で加工したVレールを両面テープで無垢床に張ってある。将来不要となり撤去されたときも設置跡が最小限となる配慮がなされている

■ 断面図（S＝1：30）

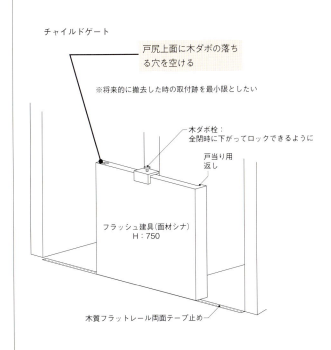
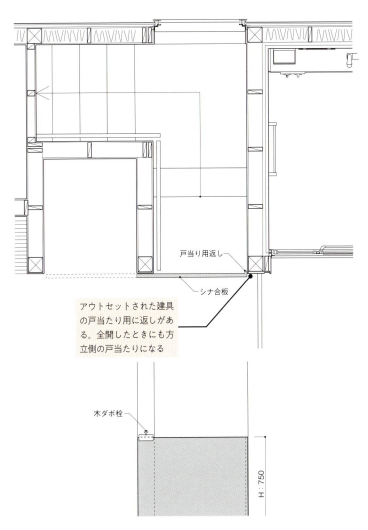

## 建具　スッキリ窓枠（一般部）

自社は壁材に比較的硬いモイスを使っているので窓枠ナシでそのままサッシまで張り込んである。下枠（皿板）のみ清掃性のよいアイカのセラールを採用している

■ 断面図（S＝1:6）

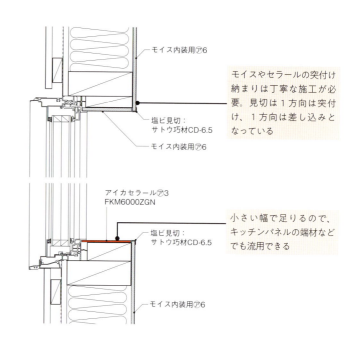

モイスやセラールの突付け納まりは丁寧な施工が必要。見切は1方向は突付け、1方向は差し込みとなっている

小さい幅で足りるので、キッチンパネルの端材などでも流用できる

## 建具　安価でシャビーな建具

27ミリの構造用合板をそのまま引戸にした例。とてもシャビーなので使える物件は限られてくる。なるべく反り少ない合板をチョイスする注意が必要

## 建具　モイスでつくった隠し建具

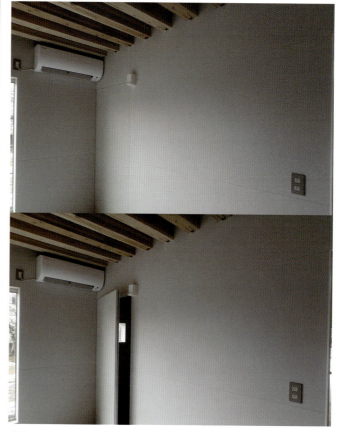

壁材と同じモイスで建具を製作。ハンドルは設けずプッシュ式のラッチとした。モイスの目地をうまく利用しているので、閉じている時は建具の存在が分からなくなる

## 建具　スッキリ窓枠（出窓）

出窓の外周は真っ白なジョリパット仕上げ。焼スギの外壁のアクセントとなっている。玄関ポーチも壁庇を壁面から300mm程度出して、出窓のデザインと合わせている

出窓内側の3方枠は白いモイス、下枠には真っ白なアイカのセラールを施工。ラワン合板の室内壁にポッカリと口が開いたように強調され、外の景観が美しく映える

■ 断面図（S＝1:12）

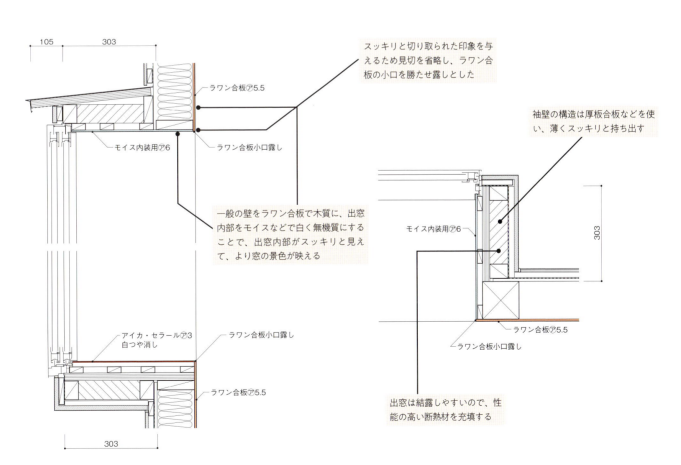

スッキリと切り取られた印象を与えるため見切を省略し、ラワン合板の小口を勝たせ露しとした

袖壁の構造は厚板合板などを使い、薄くスッキリと持ち出す

一般の壁をラワン合板で木質に、出窓内部をモイスなどで白く無機質にすることで、出窓内部がスッキリと見えて、より窓の景色が映える

出窓は結露しやすいので、性能の高い断熱材を充填する

## 建具　スッキリ窓枠（コーナー）

日射の条件や景観によっては、このようにコーナー方向に開口部を開くことになるが、この場合、いかにスッキリと見せるかがポイントとなる。ここではコーナー2面のサッシを連続させ一体に見せることでサッシの存在を潜在化させ、景観がクリアに見えるようにした

サッシ本体を見込みぶん外付けとし、アングルを出隅柱に寄せて取り付け、柱はサッシ内枠と同色に塗っている。この場合、サッシ内枠は濃いめのカラーとすると、より景色が映える

■ 断面図（S＝1:6）

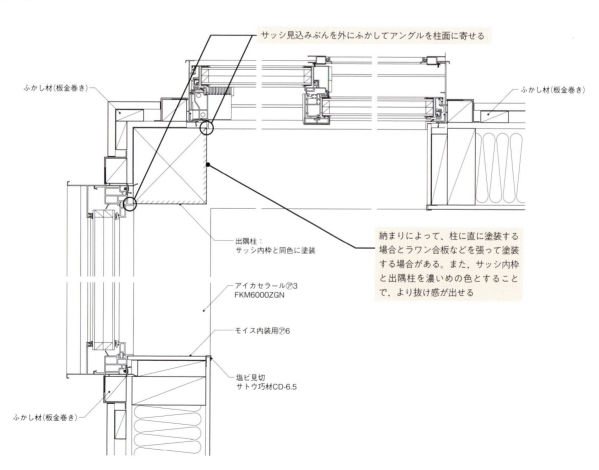

サッシ見込みぶんを外にふかしてアングルを柱面に寄せる

ふかし材（板金巻き）

出隅柱：サッシ内枠と同色に塗装

アイカセラール⑦3　FKM6000ZGN

モイス内装用⑦6

塩ビ見切　サトウ巧材CD-6.5

ふかし材（板金巻き）

納まりによって、柱に直に塗装する場合とラワン合板などを張って塗装する場合がある。また、サッシ内枠と出隅柱を濃いめの色とすることで、より抜け感が出せる

## 建具 | 全開口サッシ（既製品3本レールの引違い）

■ 断面図（S＝1:8）

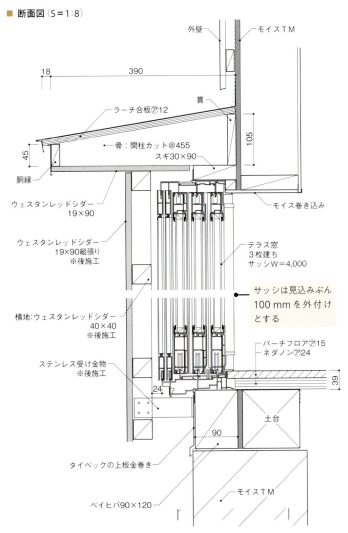

全開口サッシは既製品でも製作の木製サッシでも可能だが、とても高額になる。そこで既製品引違い3枚建ちを利用し、3枚建ちのうち1枚を見せない方法で全開口サッシとした。これならコストも性能も納得のいくものになる

■ 平面図（S＝1:8）

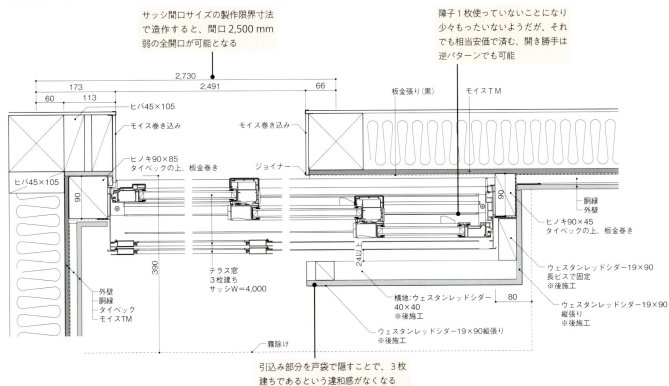

| 建具 | 全開口サッシ（既製品2本レールの引違い）

■ 断面図（S＝1:12）

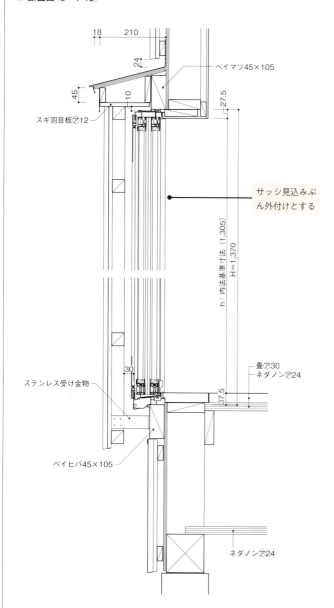

前頁の3本レールの引違いを応用して普通の2枚引違いで全開口サッシをつくった例。こちらも既製品や製作品よりも費用をかけずに、性能の高い全開口サッシをつくることができる

■ 平面図（S＝1:12）

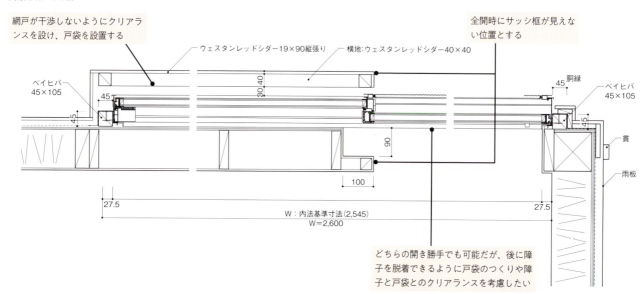

## 建具　ルーバー引戸で日射遮蔽

窓の日射遮蔽方法としては外付けブラインドが有効だが、とても高価なうえメカメカしい見た目が好きではない。そこで木製ルーバーの引戸で日射遮蔽装置をつくってみた

引戸は全引込みとなっているので、開閉により日射の遮蔽と取得のコントロールが可能。木製なので意匠的に外観のよいアクセントになっている

■ 断面図 (S=1:8)　　■ 平面図 (S=1:8)

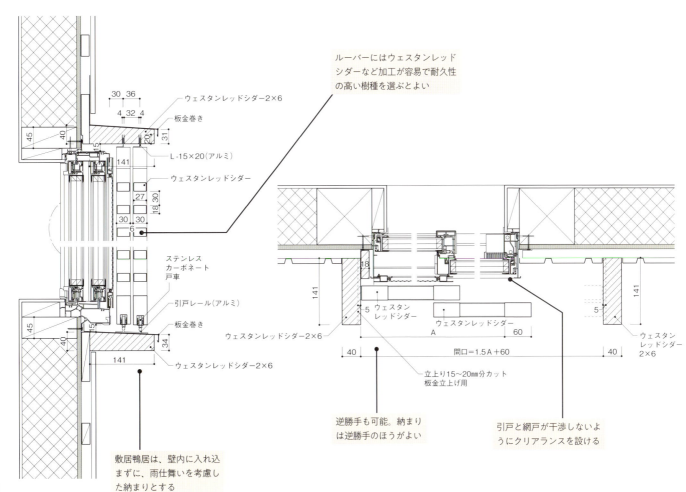

ルーバーにはウェスタンレッドシダーなど加工が容易で耐久性の高い樹種を選ぶとよい

敷居鴨居は、壁内に入れ込まずに、雨仕舞いを考慮した納まりとする

逆勝手も可能。納まりは逆勝手のほうがよい

引戸と網戸が干渉しないようにクリアランスを設ける

## 建具  固定ルーバーで日射遮蔽

大きなサッシ外の庇を、開放的にするために高い位置に計画すると、夏の日射がカットできないケースもある。そこで庇の下に木製ルーバーを設けてみた。板幅や板の間隔を適正に計画することで、開放的な軒下空間のまま室内への日射をカットすることが可能となった

■ 断面図（S＝1:10）

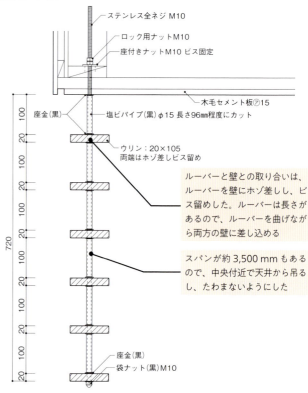

ルーバーと壁との取り合いは、ルーバーを壁にホゾ差しし、ビス留めした。ルーバーは長さがあるので、ルーバーを曲げながら両方の壁に差し込める

スパンが約3,500 mmもあるので、中央付近で天井から吊るし、たわまないようにした

## 建具  ハンドルのない玄関ドア

キマドのフレームレス玄関ドアを使用した例。枠もハンドルもないすっきりとした外観となる。ハンドルがないので、防犯面でも有効だ。断熱性、気密性ともに申しぶんのない性能をもった木製の玄関ドアとなっている

■ 断面図（S＝1:6）

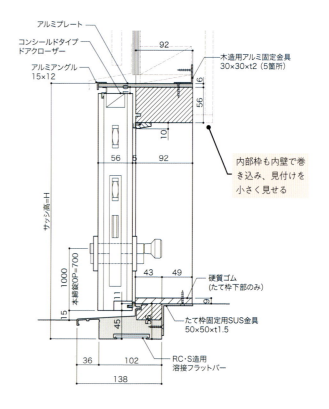

内部枠も内壁で巻き込み、見付けを小さく見せる

| 建具 | 窓の存在を消すルーバー |

ファサードにはリブ状の木製の外壁材が使用されている。ぱっと見では窓の存在は分からない

近くで見ると窓の存在が確認できる。外壁のリブに合わせた木製の格子がFIX窓を覆っている

■ 断面図（S＝1:10）

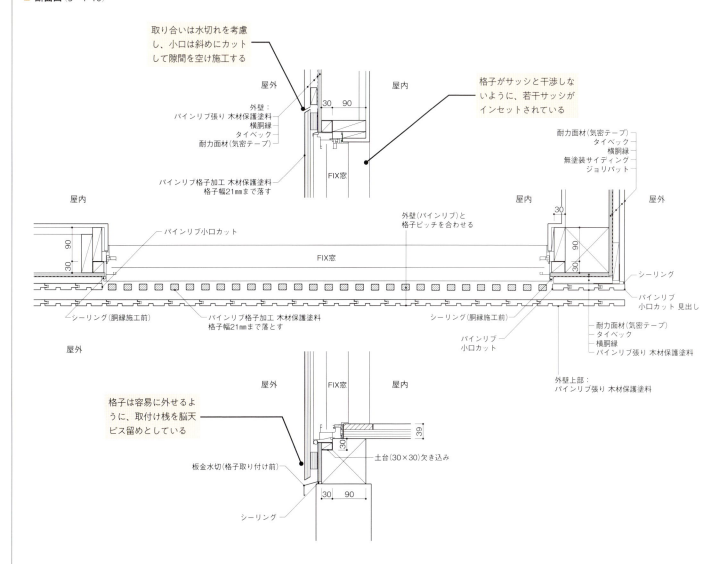

## 建具　既製高断熱玄関ドアと一体化したFIX窓

木製断熱玄関ドアのスニッカルペール（上野住宅建材）、明かり取りFIX窓、ポスト口、インターホンを一体に造作した例。表札もインターホンの上に付ければ、雑多なものが混在する玄関廻りもスッキリとする

図面とは別の事例だが、高断熱ドアに左の写真や下の図と同じくスニッカルペールを採用し、FIX窓を組み合わせた例。FIX窓に透明ガラスを選択したことにより、さらにスッキリ感が出た

■ 断面図（S＝1:12）

■ 平面図（S＝1:12）

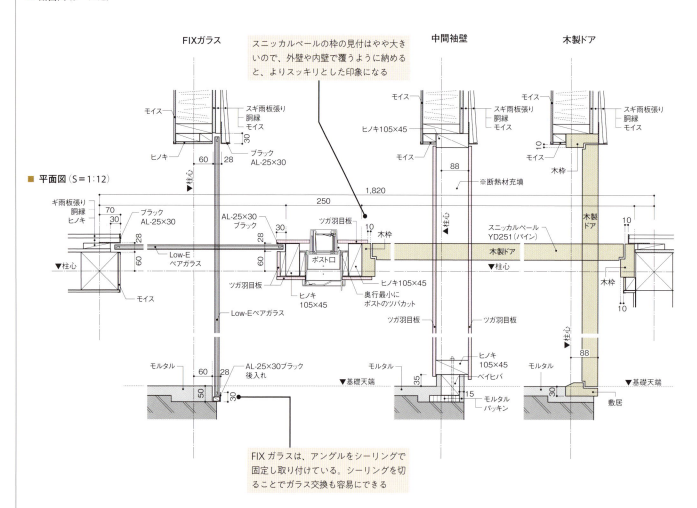

スニッカルペールの枠の見付はやや大きいので、外壁や内壁で覆うように納めると、よりスッキリとした印象になる

FIXガラスは、アングルをシーリングで固定し取り付けている。シーリングを切ることでガラス交換も容易にできる

## 建具　製作した高断熱の木製玄関引戸

既製品の断熱引戸はサイズに制限があり価格も高価である。本物件は玄関に広い土間スペースがあり自転車なども出し入れできる大きな間口が必要だった。そこで大型の断熱引戸の製作にチャレンジしてみた

断熱気密性能を上げるため、建具はアウトセットとし建具枠に建具がかぶるつくりとした。4方とも隙間なく、ゴムパッキンが密着するように工夫がされている

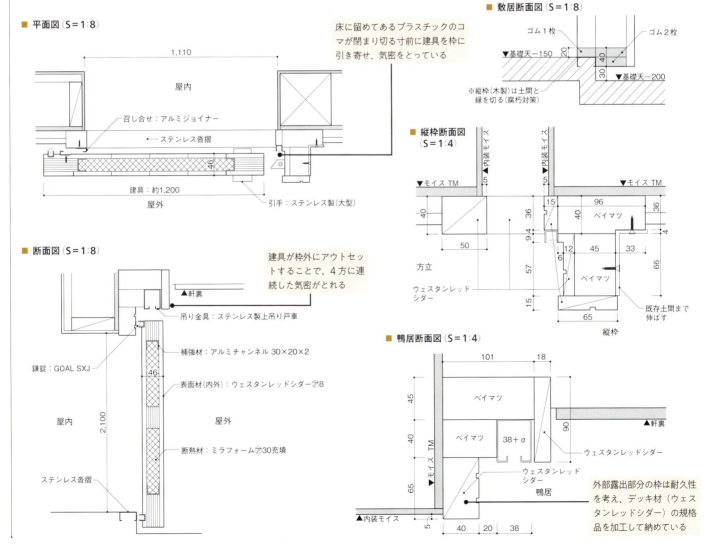

## 建具 | 既製断熱サッシを使った玄関ドア

テラスドアや勝手口ドアを玄関ドアとして利用した例。断熱気密性はもちろん施工性のよさなどのメリットがある。製品はLIXILの「サーモスX」

一般的な既製品のアルミ玄関ドアより、既製品の断熱サッシを使うことで、安価に高い断熱性能が手に入る

既製品の玄関ドアのような特別感はないが、その建物に使われているサッシと同じ製品を玄関戸として使ったので、建物全体の一体感は抜群である

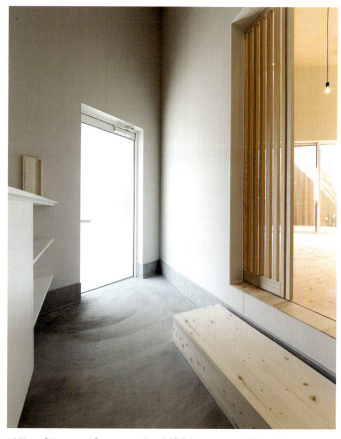

LIXILの[サーモスX]のテラスドアを採用することで、玄関に別途に明かり取り窓を設ける必要がなくなった。既製品の断熱サッシなので、安価に高い断熱性能が手に入る

LIXILの[サーモスX]を連窓で採用した例。商品によっては連窓なども可能なので、店舗などにも断熱性の高いドアを設けることができる（写真は店舗ではなく住宅）

# 3章

## 階段・手摺

階段や手摺の納まりの検討はとてもやりがいのある作業だ。階段は特にデザインの自由度が高く、1・2章のように潜在化させるというよりも「いかに見せるか」を検討する作業になるからである。ただし、自由度が高いとはいえクリアすべきハードルも多く、使い勝手、構造耐力、意匠性、安全性など多岐にわたって同時に検討しなければならない。建築士の腕の見せどころでもある。

**階段** ## らせん階段（スチール製）

■ 断面図（S＝1：30）

らせん階段を最小限の部材でつくった場合には「揺れ」が懸念される。いかに「揺れ」を抑えるかがポイントとなる

■ 踏板詳細図（S＝1：30）

踏板とそれを支える持ち出しリブは3.2mmのプレートとし、最小の部材構成となっている

蹴込み板はないが、手摺で上下の踏み板をつなげることで、揺れの少ないらせん階段がつくれる

柱脚部の固定も揺れない階段をつくるうえでは重要。床下の基礎もしくはベースにアンカーで緊結する

最下段の手摺を床に止めることがポイント。揺れの軽減に大きく貢献する

■ 平面図（S＝1：30）

φ16
φ13
φ114.3×3.5
平-3.2
平-9 ボルトM12
ビス留め
オールアンカー4-M12
B平-9
UP
DN

| 階段 | 最小限片持ち階段（スチール製）

■ 平面図（S＝1:30）

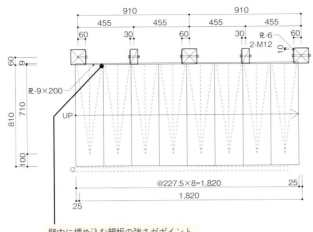

壁内に埋め込む親板の強さがポイント。
わずかな動きが昇降感に影響する

■ 断面図（S＝1:30）

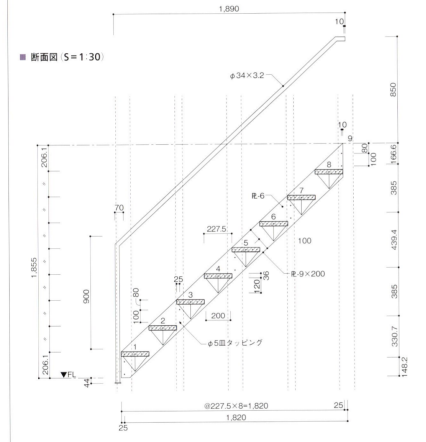

階段は意匠と同時に構造が成り立たなければならない。この階段では片持ち梁の曲げモーメントを模して、必要な筋肉のみの最小限の階段を目指した

■ 段板断面図（S＝1:12）

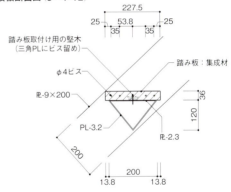

■ 段板正面図（S＝1:12）　踏み板（集成材）は踏み板取付け用の堅木に差し込む

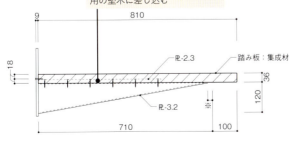

スチールの天端に扇形の堅木をビス留めし、下端を扇形に欠いた踏み板を横から入れ込む、という難易度のとても高い施工により、取付けの痕跡を残さないとてもきれいな階段が完成した

■ 段板平面図（S＝1:12）

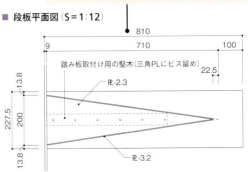

## 階段 片持ち連続階段（木製）

踏み板と蹴込み板が連続している片持ち階段。壁内の柱や間柱に緊結させた蹴込み板に荷重を負担させている

リズミカルにつながっていく連続階段。黒く塗装したことで白い空間により映えて見える

踏み板と蹴込み板の取付けを強固に行う必要があるが、その取付け跡を残さないことでより意匠性が高まる

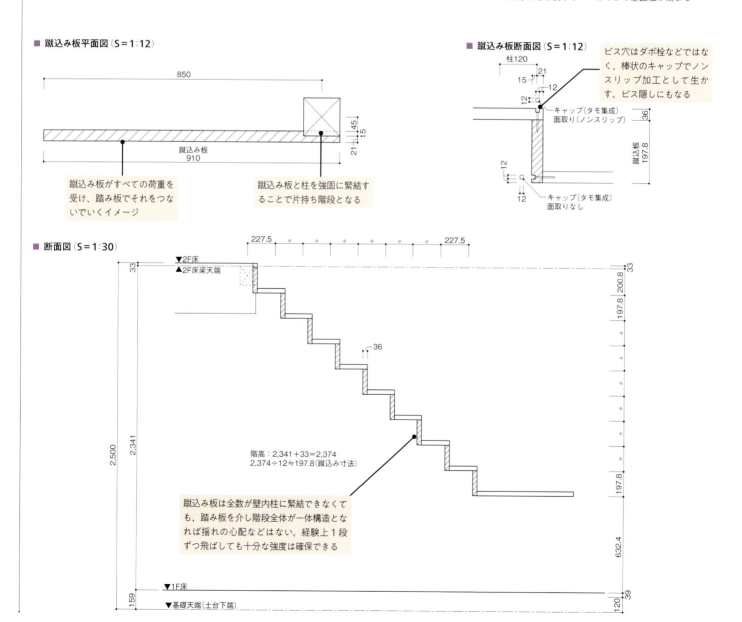

■ 蹴込み板平面図（S＝1:12）

蹴込み板がすべての荷重を受け、踏み板でそれをつないでいくイメージ

蹴込み板と柱を強固に緊結することで片持ち階段となる

■ 蹴込み板断面図（S＝1:12）

ビス穴はダボ栓などではなく、棒状のキャップでノンスリップ加工として生かす。ビス隠しにもなる

■ 断面図（S＝1:30）

階高：2,341＋33＝2,374
2,374÷12≒197.8（蹴込み寸法）

蹴込み板は全数が壁内柱に緊結できなくても、踏み板を介し階段全体が一体構造となれば揺れの心配などはない。経験上1段ずつ飛ばしても十分な強度は確保できる

## 階段 片持ち連続階段（スチール製）

スチールプレートを段折りした連続階段。構造的には右壁からの片持ちとなっている

階段を黒く塗装することで白い空間に軽快な印象を与える。片壁はガラス壁とし、階段の意匠を意図的に見せている

蹴込み4ヵ所のみを柱に緊結して片持ち構造としている。残りの蹴込みは間柱に留める程度。連続した一体構造となるので、これだけで揺れのない階段が完成する

■ 平面図（S＝1:30）

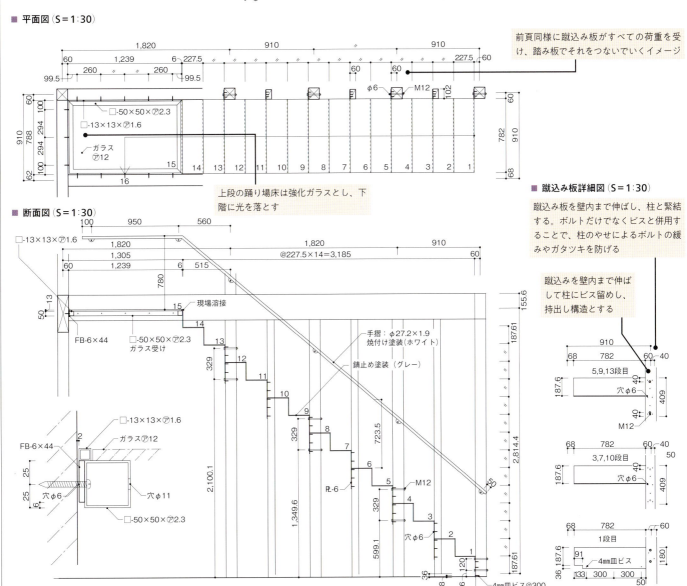

前頁同様に蹴込み板がすべての荷重を受け、踏み板でそれをつないでいくイメージ

上段の踊り場床は強化ガラスとし、下階に光を落とす

■ 断面図（S＝1:30）

■ 蹴込み板詳細図（S＝1:30）

蹴込み板を壁内まで伸ばし、柱と緊結する。ボルトだけでなくビスと併用することで、柱のやせによるボルトの緩みやガタツキを防げる

蹴込みを壁内まで伸ばして柱にビス留めし、持出し構造とする

| 階段 | 収納付き半片持ち木製連続階段 |

開放的な意匠と収納力を兼ね備えた階段。手前半分は跳ね出しのストリップ階段。奥の半分はすべて収納となっている

中2階のベランダへ出入りできる踊り場がある。蹴込みはモイス、収納面材は白いポリ合板、踏み板はホワイトアッシュの無垢材となっている

■ 正面図（S＝1:25）　■ 断面図（S＝1:25）　■ 展開図（S＝1:25）

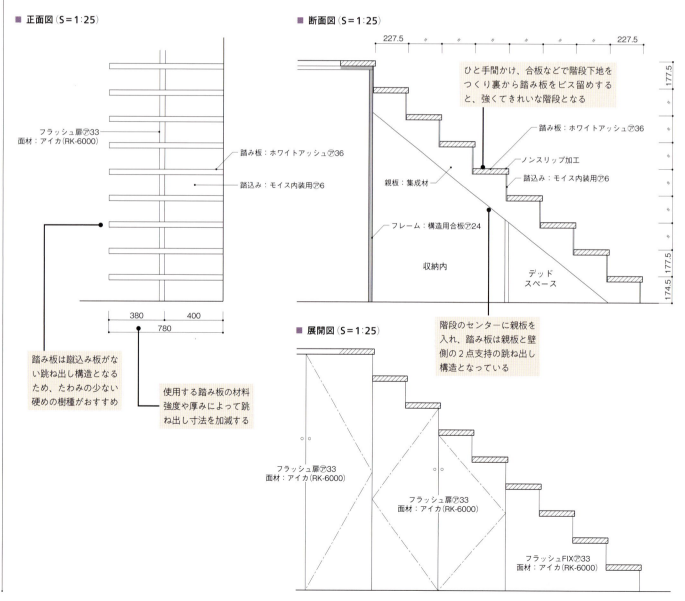

- フラッシュ扉⑦33　面材：アイカ（RK-6000）
- 踏み板：ホワイトアッシュ⑦36
- 踏込み：モイス内装用⑦6
- 親板：集成材
- フレーム：構造用合板⑦24
- 収納内
- デッドスペース
- ノンスリップ加工
- フラッシュFIX⑦33　面材：アイカ（RK-6000）

寸法：227.5／177.5／174.5／380／400／780

踏み板は蹴込み板がない跳ね出し構造となるため、たわみの少ない硬めの樹種がおすすめ

使用する踏み板の材料強度や厚みによって跳ね出し寸法を加減する

ひと手間かけ、合板などで階段下地をつくり裏から踏み板をビス留めすると、強くてきれいな階段となる

階段のセンターに親板を入れ、踏み板は親板と壁側の2点支持の跳ね出し構造となっている

044

## 階段　木製の半片持ち連続階段

42頁の片持ち連続階段をさらにダイエットさせてみた。構造的に最小限必要な部分のみを残し、ぜい肉を落とし切った階段となった

片持ち連続階段にさらに解放感がプラスされ、昇降した感触もまったく不安感のないものに。オリジナリティあふれる階段となった

■ 正面図（S＝1:12）

- 踏み板の半分は右頁と同じ跳ね出し構造
- 踏み板・蹴込み板は壁厚いっぱいに伸ばす　※壁内補強方法は現地にて相談
- 42頁の蹴込み板の片持ち構造をダイエットさせている

■ 断面図（S＝1:12）

- モイス
- 踏み板：パイン集成
- モイス

■ 蹴込み板・踏み板接合断面図（S＝1:6）

- 面取り2mm程度
- 踏み板：パイン集成
- 蹴込み板：パイン集成
- ※面取りなし
- 踏み板と蹴込み板はビスで強固に固定。ビス穴はダボ栓ではなくスリット状に溝に棒状のキャップでフタをする。段鼻部分は面を取ることでノンスリップとして生かす

045

| 階段 | 手摺一体パネル階段

大判の積層ソリッドパネル（池上産業）を使い、親板と手摺が一体となった階段をつくった例

この例は中2階までのコンパクトな階段だが、一般の階段は親板の長さや必要幅を考慮すると、採用できる材料は集成カウンター程度しかない。しかしこの積層ソリッドパネルは5,000×2,050mmと非常に大判なので、親板どころか手摺まで一体でつくることができた

■ 展開図（S＝1：25）　　　　　　　　　　　　　■ 断面図（S＝1：25）

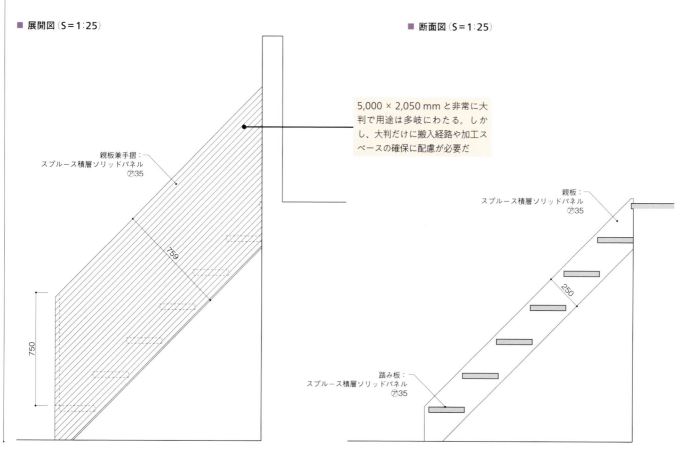

5,000×2,050mmと非常に大判で用途は多岐にわたる。しかし、大判だけに搬入経路や加工スペースの確保に配慮が必要だ

親板兼手摺：
スプルース積層ソリッドパネル ⑦35

親板：
スプルース積層ソリッドパネル ⑦35

踏み板：
スプルース積層ソリッドパネル ⑦35

| 階段 | 段鼻に堅木を使った階段

踏み板と蹴込み板にスプルース3層パネル（上野住宅建材）、段鼻にはチーク材を採用した。全体が白っぽい階段に赤身の強い段鼻が入り、視認性の高い安全な階段となった

スプルースの柔らかい印象の階段。傷みやすい段鼻には硬めのチーク材を採用し耐久性も向上させた。ビス穴などの組立ての形跡もわからなくなり、きれいに仕上がった

■ 断面図（S＝1:15）

■ 踏み板・蹴込み板断面図（S＝1:4）

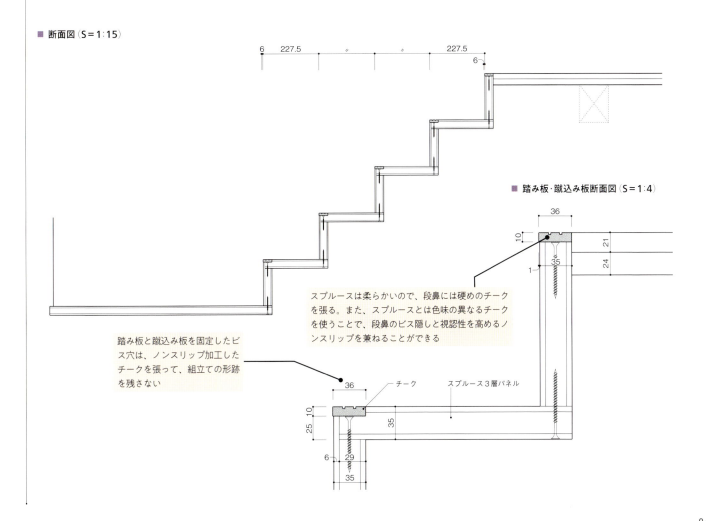

スプルースは柔らかいので、段鼻には硬めのチークを張る。また、スプルースとは色味の異なるチークを使うことで、段鼻のビス隠しと視認性を高めるノンスリップを兼ねることができる

踏み板と蹴込み板を固定したビス穴は、ノンスリップ加工したチークを張って、組立ての形跡を残さない

## 階段 | 直進のスチール最小限階段

親板をスチールで製作した階段。同サイズのコンパクトな角パイプではたわみが大きく出る。そこで角パイプ内にグラウト（無収縮モルタル）を充填し、強固なCFT造とした。鉄の引張り強さとセメントの圧縮強さが合わさった最強のフレームとなった（納まりは下図参照）

左と同じ形状の階段だがこちらはスパンが短い。上の写真ではスパンが短いので、角パイプ30×60×3.2mmの比較的コンパクトなサイズで十分な強度が確保された

■ 断面図（S＝1:20）

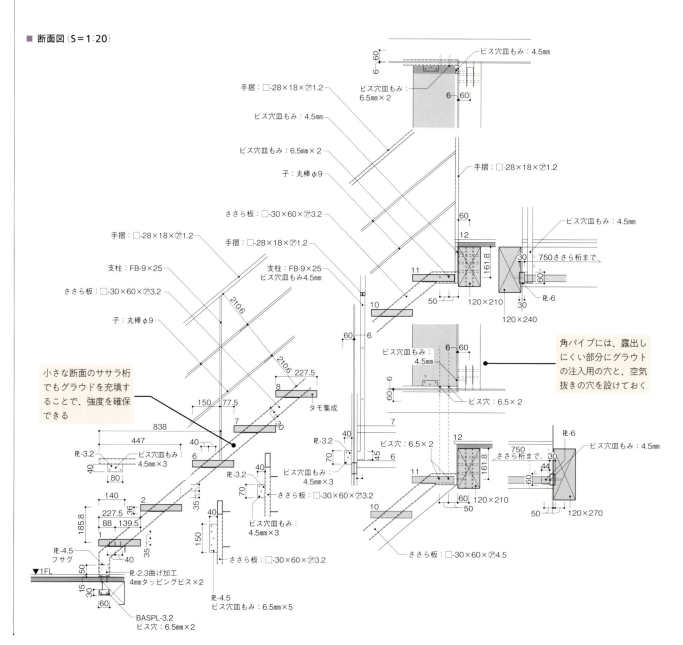

小さな断面のササラ桁でもグラウドを充填することで、強度を確保できる

角パイプには、露出しにくい部分にグラウトの注入用の穴と、空気抜きの穴を設けておく

## 建具　雁行させたスチール最小限階段

踊り場で雁行させたスチール階段。搬入や塗装の都合で踊り場で上下分割されている。スチールだと何気なく自立しているように見えるが、実は構造的にいくつかの工夫が施されている

外廻りのフレームは踊り場手前の壁で支持すれば成り立つが、内廻りのフレームは踊り場で継いであるため自立はしない。そこで下から6段目で外廻りフレームからプレートを持ち出して、内周りのフレームを支えている。鉄の強さをうまく利用すれば、木造階段では不可能な形状が可能となる

■ 断面図（S＝1:30）　　　　　　　　　　　　　　　■ 平面図（S＝1:30）

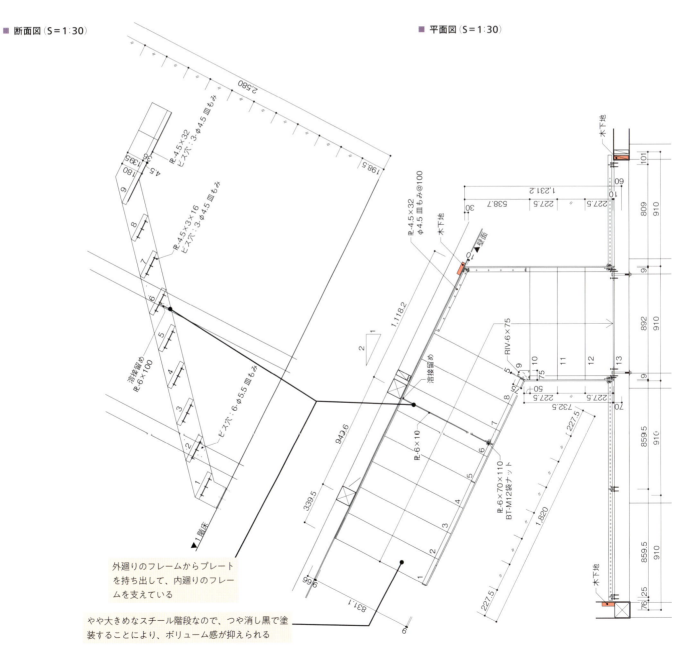

外廻りのフレームからプレートを持ち出して、内廻りのフレームを支えている

やや大きめなスチール階段なので、つや消し黒で塗装することにより、ボリューム感が抑えられる

## 階段　鉄骨リノベ階段 1

フレーム全体を黒く塗装。既存の踏み板プレートに垂木をビス留めし、構造用合板で仕上げた。リアルなビンテージ感のある男前な階段が出来上がった

倉庫を住宅へリノベーション（コンバージョン）した物件。元々あった鉄骨階段をそのまま再利用している。階段を再利用する場合は、蹴上げ寸法を加味した各階の床レベルの調整が必要

## 階段　鉄骨リノベ階段 2

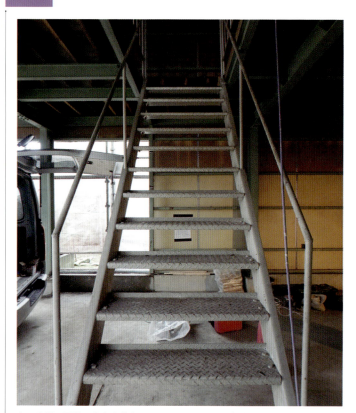

この物件の鉄骨階段は親板と踏板がボルト留めであったため、鉄の踏板を外し、集成材と入れ替えてコーチボルトで留めた。倉庫らしさが残ったビンテージ感たっぷりの空間となった

上の事例と同様に倉庫を住宅へリノベーションした物件である。こちらも元々あった鉄骨階段をそのまま再利用している

| 階段 | # ミニマムな手摺受金物

ミニマムでシンプルな手摺受金物や、さらに取付け形跡がわからないものはいくら探しても既製品では見つからない。そこでオリジナルで製作してみた

手摺の取付けは強固である必要があるが、引越しや家具の移動時には容易に外せる仕掛けにしておく必要もある。ここでは角パイプを使ったサヤ管づくりとした

■ 断面図（S＝1:4）

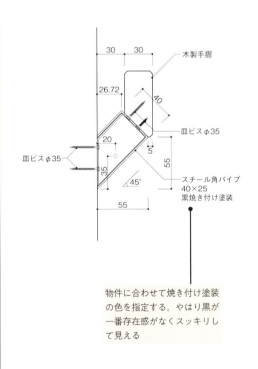

物件に合わせて焼き付け塗装の色を指定する。やはり黒が一番存在感がなくスッキリして見える

■ 手摺組立て図

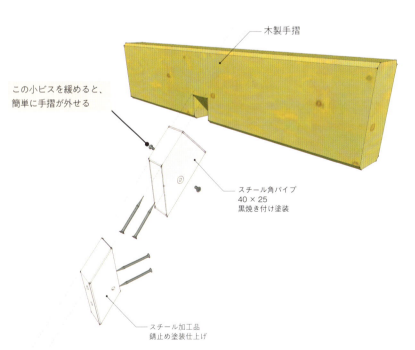

この小ビスを緩めると、簡単に手摺が外せる

## 階段 製作スチール手摺

手摺受けだけでなく手摺自体もスチールでつくった例。壁内にM8ナット付きのプレートを埋め込んでおき、そこにM8全ネジ付きのブラケットをねじ込むことで、強度と脱着のしやすさに配慮したつくりになっている。鉄の強さを利用しコンパクトだが、とても安心感のある手摺となっている

階段の手摺は当然勾配になるうえに物件によりその角度もさまざまである。この手摺は自在に角度が変えられるように、先付けボルト1本のみで固定するなど工夫がが施されている。見た目がシンプルなだけでなくとても機能的な手摺だ

## 階段 外部雁行階段

ポーチ内に掛かる外部用の階段。踊り場で雁行させている。柱はない。踊り場の床付近で壁から持ち出し梁を出し、内廻りの親板を支えている。フレームの仕上げは溶融亜鉛メッキで、踏み板はウェスタンレッドシダー。49頁の階段と近似のつくりとなっている

## 階段 SPF階段

ツーバイフォーで使用するSPFで階段をつくった例。2×10材(38×230mm)を利用し、材料はとても安価だ。取付け跡が分からないように施工にはビス穴のダボ栓などは使わずに納めた。完全無垢な素材なので一般的に使うパイン集成材より、パインの床板によくなじみ好印象となった

# 4章

# 家具・収納

既製品の家具ではなく、建築士が設計しオーダーでつくる「造作家具」への需要が増えている。建築士が設計した住まいに似合う家具を建築士が設計するのはごく自然な流れなのだろう。ただし、あまり高価にならないよう大工が造作できる家具設計であることが重要だ。材料の無駄の出ない木取り方や納め方、場合によっては製作金物を使うことにより、コストを抑えつつ空間にマッチした造作家具を提案したい。

## 家具　低座面ソファ

■ 断面図（S＝1:15）

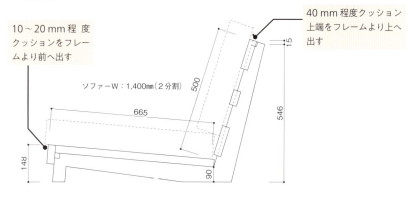

■ クッション断面図（S＝1:15）

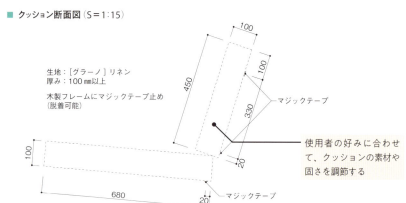

座面や背もたれを低めに設計したソファ。座椅子感があり、日本的な生活にしっくりとくる。また、座椅子に近いスケール感が、室内を広く感じさせる

■ 背面下地部材（S＝1:15）

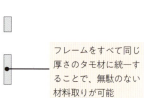

フレームをすべて同じ厚さのタモ材に統一することで、無駄のない材料取りが可能

■ 座面下地部材（S＝1:15）

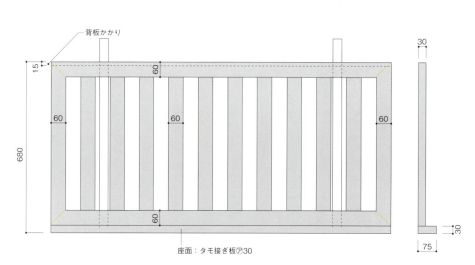

## 家具　造作固定ソファ

■ ソファ側展開図（S＝1:20）

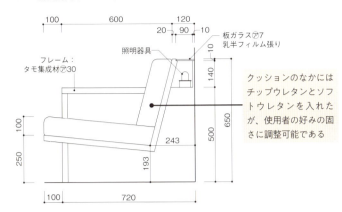

■ 収納側展開図（S＝1:20）

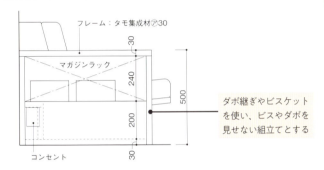

ソファの場所が固定できたので、ソファを造作した例。造り付けたことによって、建築化照明（間接照明）コンセントの設置、マガジンラックなどさまざまな機能をプラスした

■ 平面図（S＝1:20）

■ 正面展開図（S＝1:20）

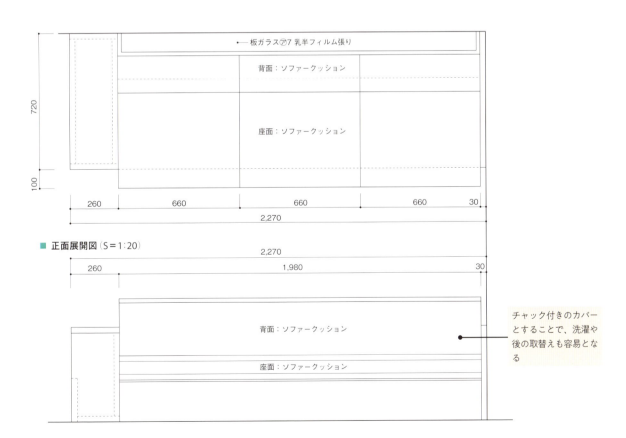

## 家具　ベンチ型ソファ

■ 断面図（S＝1:15）

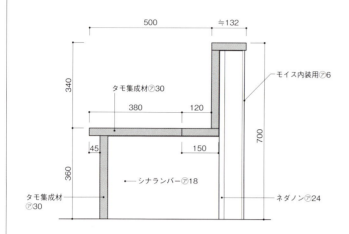

2階ホールから前面道路に咲く桜並木を楽しむために設置された造付けのソファ。座面下が収納になっている。クッションは背板のみで、座面にもが必要な場合は、市販の薄座布団を使ってもらう。背板のクッションはドッコ式で取り付けた

■ 平断面図（S＝1:15）

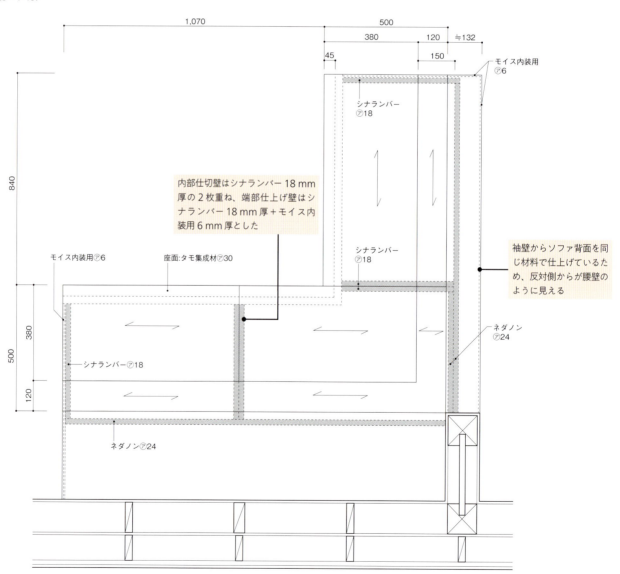

内部仕切壁はシナランバー18mm厚の2枚重ね、端部仕上げ壁はシナランバー18mm厚＋モイス内装用6mm厚とした

袖壁からソファ背面を同じ材料で仕上げているため、反対側からが腰壁のように見える

## 家具 シンプルな木製ダイニングテーブル

タモ集成材で造作したダイニングテーブル。力桁を脚にホゾ差しし、天板にビス止めするなどつくり方を明確に指示することで、大工でも容易につくることができる

テーブルを造作することで、周囲のインテリアやデザインと馴染ませることができる

■ 平断面図（S＝1:20）

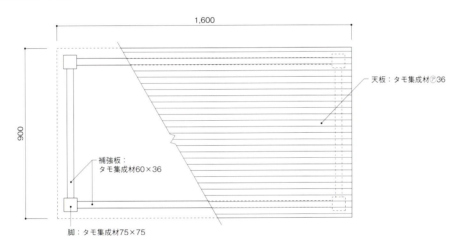

■ 正面・側面図（S＝1:20）

脚もの家具では、脚の取付け部分を剛にすることが重要。ここでは天板下の補強板を木製の脚に絡め、ビスで天板へ押し付けるように取り付けている

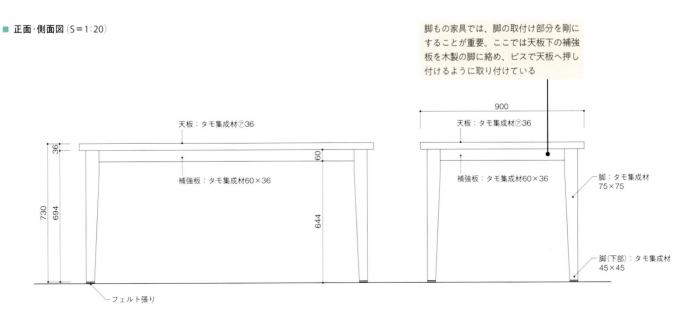

## 家具　スチール枠のダイニングテーブル

スチールのフレームと無垢の天板の組み合わせのシンプルなダイニングテーブル。足元にはアジャスターを取り付けて、ガタツキのない安定感ある設置が可能。写真の例では天板にホワイトアッシュを使用

■ スチールフレーム姿図

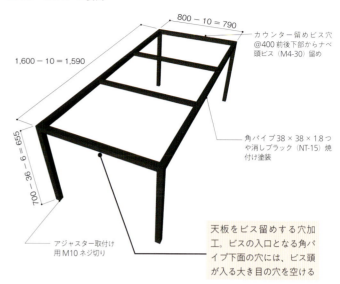

- 800 − 10 = 790
- 1,600 − 10 = 1,590
- 700 − 36 − 6 = 655
- カウンター留めビス穴＠400前後下部からナベ頭ビス（M4-30）留め
- 角パイプ38 × 38 × 1.8つや消しブラック（NT-15）焼付け塗装
- アジャスター取付け用M10ネジ切り
- 天板をビス留めする穴加工。ビスの入口となる角パイプ下面の穴には、ビス頭が入る大き目の穴を空ける

フレームは4方枠と脚に38×38×1.6 mmの角パイプを使用。天板反り止め用中残2本は30×30×3 mm程度のLアングル。焼付け塗装はすっきりシャープに見えるので、黒のつや消しとすることが多い

## 家具　ミニマムなローテーブル

■ ローテーブル姿図

- 1,000
- 480
- 380
- 天板と中板の2枚の板でテーブルが安定する

■ スチール脚姿図

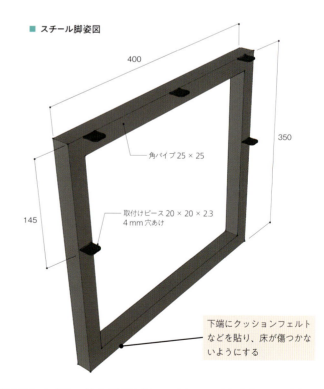

- 400
- 350
- 145
- 角パイプ25 × 25
- 取付けピース20 × 20 × 2.3　4 mm穴あけ
- 下端にクッションフェルトなどを貼り、床が傷つかないようにする

上のダイニングテーブルと同様に、スチールの脚と無垢の天板だけのシンプルなローテーブル。脚は同じものを2つ製作し、板と固定するという簡易的なつくりにしている

上記のダイニングテーブルや60頁の「ミニマムなフロートタイプのテレビ台」とお揃いでつくると統一感がでる。製作品ならではのメリットである

| 家具 | 脚のないミーティングテーブル

当社事務所の業者用打合せテーブル。脚がないので先端のコーナー部分まで使え、大人数でも詰めて座れる。また床掃除も楽に行える

決して壁の反対側から跳ね出してつくっているわけではない。この写真だと105mmの壁からいきなり持ち出されていることが分かる

■ テーブル姿図

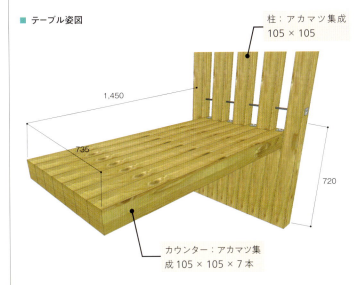

柱：アカマツ集成 105×105

1,450
735
720

カウンター：アカマツ集成 105×105×7本

構造的には、105mm角の柱を束ねたテーブルを105mmの壁厚の中で絡めている感じ。「指組み」をイメージしていただくと分かりやすいかもしれない。体重60kgの私が天板に乗っても、たわみのないテーブルが完成した

■ 支持部姿図

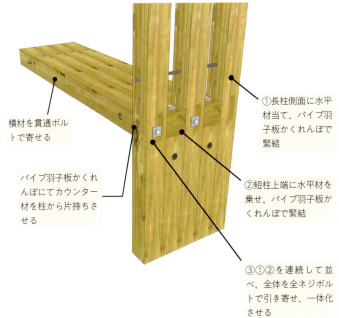

横材を貫通ボルトで寄せる

パイプ羽子板かくれんぼにてカウンター材を柱から片持ちさせる

①長柱側面に水平材当て、パイプ羽子板かくれんぼで緊結

②短柱上端に水平材を乗せ、パイプ羽子板かくれんぼで緊結

③①②を連続して並べ、全体を全ネジボルトで引き寄せ、一体化させる

| 家具 | ミニマムなフロートタイプのテレビ台 |

58頁同様にスチールのフレームと無垢の板の組合せでテレビ台をつくってみた。シンプルさと床掃除を考慮し、壁付けのフロートタイプとした。フレームを黒にすると重厚な感じになる

簡単にミニマムなフロートタイプのテレビ台を後付けした例。柱もしくは間柱を狙ってビス留めしたため、特別な下地は不要。フレームを白にすると黒とは印象が異なり、明るくカジュアルな感じとなる

■ 展開図（S＝1:12）　　　　■ 断面図（S＝1:12）

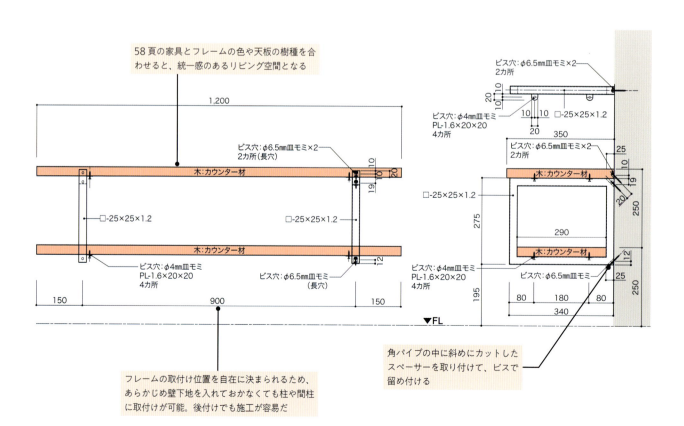

58頁の家具とフレームの色や天板の樹種を合わせると、統一感のあるリビング空間となる

フレームの取付け位置を自在に決められるため、あらかじめ壁下地を入れておかなくても柱や間柱に取付けが可能。後付けでも施工が容易だ

角パイプの中に斜めにカットしたスペーサーを取り付けて、ビスで留め付ける

| 家具 | 木製フロートタイプのテレビ台 |

■ 断面図（S＝1:10）

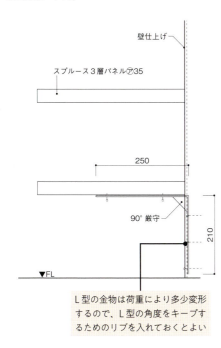

L型の金物は荷重により多少変形するので、L型の角度をキープするためのリブを入れておくとよい

スプルース3層パネル（上野住宅建材）を使い、フロートタイプ（跳ね出し型）のテレビ台をつくった例。床材と近い樹種としたので一体感のあるインテリアとなった

■ 平面図（S＝1:10）

■ 展開図（S＝1:10）

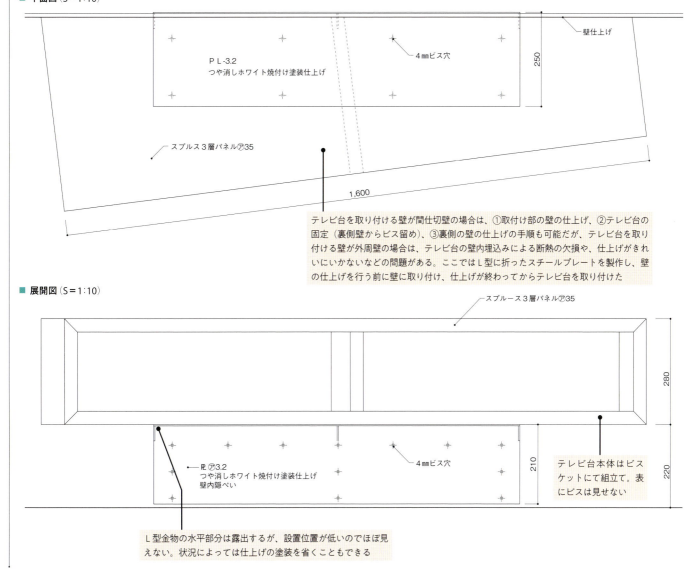

テレビ台を取り付ける壁が間仕切壁の場合は、①取付け部の壁の仕上げ、②テレビ台の固定（裏側壁からビス留め）、③裏側の壁の仕上げの手順も可能だが、テレビ台を取り付ける壁が外周壁の場合は、テレビ台の壁内埋込みによる断熱の欠損や、仕上げがきれいにいかないなどの問題がある。ここではL型に折ったスチールプレートを製作し、壁の仕上げを行う前に壁に取り付け、仕上げが終わってからテレビ台を取り付けた

テレビ台本体はビスケットにて組立て。表にビスは見せない

L型金物の水平部分は露出するが、設置位置が低いのでほぼ見えない。状況によっては仕上げの塗装を省くこともできる

## 家具　壁掛けテレビ＋デッキは壁の中に収納

最近のテレビは極薄だが、デッキやチューナーは奥行きがあるので並べるとどうしても飛び出してしまう。そこでテレビ廻りをすっきりと見せるために、デッキは壁をくりぬいて入れる方法をとった。見た目もよく、電源線やアンテナ線も表から見えないため、建て主にはとても好評をいただいている

■ 断面図（S＝1:10）　　　■ 展開図（S＝1:10）

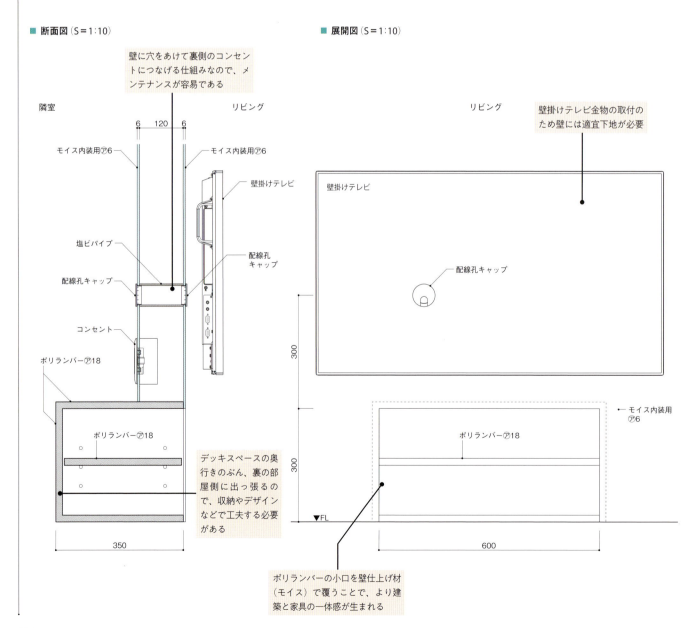

- 壁に穴をあけて裏側のコンセントにつなげる仕組みなので、メンテナンスが容易である
- 壁掛けテレビ金物の取付のため壁には適宜下地が必要
- デッキスペースの奥行きのぶん、裏の部屋側に出っ張るので、収納やデザインなどで工夫する必要がある
- ポリランバーの小口を壁仕上げ材（モイス）で覆うことで、より建築と家具の一体感が生まれる

## 家具　壁掛けテレビ＋デッキは小上がりに

小上がり下の設けた引出し収納の1つをデッキ置き場とした例。リモコンの反応を考慮してルーバーの扉とした。これでテレビ周りが一気にスッキリとする

壁掛けテレビからデッキ置き場までは太めのCD管を隠ぺい配管し、壁掛け金具の下地と意匠を兼ねて厚みのある無垢のオークを壁面に張った。壁は40mmふかして配管スペースを確保している

## 家具　浮いてるテレビ台

床から浮いたフロートタイプのテレビ台だが、背面に引戸を引き込むため、背面の壁からも離れている。コンセントなどを壁内からテレビ台の中まで配線できるように持ち出し金物を製作して取り付けた。床と壁の両方との縁が切れているため、とても不思議な浮遊感がある

## 家具　Jパネルでつくった打合せブース

構造設計事務所「ウッド・ハブ合同会社」のオフィスの打合せブースを「Jパネル」使って製作。自立する木軸フレームを頼りに、ブース自体には構造材を使わず、面材(Jパネル)だけで壁と屋根が組み立てられている

## 家具　3層パネルの本棚と収納

スプルース3層パネルの19mm厚と35mm厚をスパンや用途により使い分けてつくった。3層となっている小口はそのまま露しとした

キッチン背面の収納カウンターを3層パネルでつくった。2,500×2,030mmと非常に大判な材料なので、無駄がでないようにあらかじめ木取りが必要だ

## 家具　耐風梁兼リビングボード

写真左の壁面はテレビ台、掲示板、収納を兼ねた横長のリビングボード。実は、その機能だけでなく耐風梁といった構造的に必要な仕掛けにもなっている。床レベルに間口7.28m無柱の地窓があるため、その上の壁は強い風に揺らされてしまう。それを防ぐためにビリングボード上下の水平板を剛につくり、揺れを抑える工夫がされている。機能と構造を両立させたリビングボードである

## 家具　奥行が変わる玄関収納

奥行が少しずつ変わっている玄関収納である。写真奥の玄関側の奥行が400mmそして一番手前が750mmと少しづつ奥行きが変わってきている。場所により靴、物入、コート掛け、などさまざまものが収納できる。一番手前は帰宅時に仕事服を着替えるためのクローゼット。引戸を開けると、建具がそのまま目隠しパーテーションにもなる

## 家具　現場で組立て可能なロフトベッド

既存の小屋裏タイプのコンパクトなキッズルームにロフトベッドをつくりたい。この建て主の要望に、現場で簡単に組立て可能なロフトベッドを提案した

■ ロフトベッド配置図

テックワン（タツミ）でフレームをプレカット、大工が現場で組み立てて、すのことハシゴを取り付けて工事は完了。狭い部屋の中だが、半日程度で工事を終えることができた

■ ロフトベッドフレーム図　　　■ ロフトベッド姿図

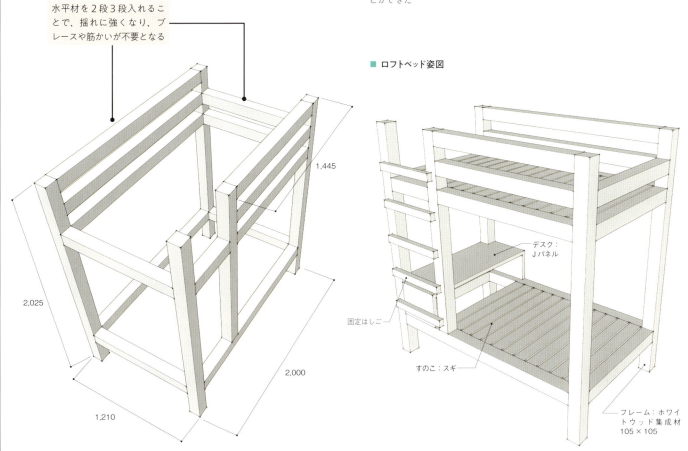

水平材を2段3段入れることで、揺れに強くなり、ブレースや筋かいが不要となる

フレームの組立てはドリフトピンを打つだけなので、組立ても簡単だが解体も簡単。建て主がDIYで作業するのもさほど難しくはなさそうだ

上階はベッド、下階は学習机とクローゼットとして使う。このシステムを使えば、アイデアしだいでほかにも多彩なバリエーションのシステム家具をつくることができる

## 家具　木製ベッドフレーム

地域材のスギをふんだんに使ったベッドフレーム。スギの柔らかさや調湿効果が期待できるベッドフレームとなった

■ ベッドフレーム姿図

- すのこ：スギなど柔らかめの木
- 2,010
- 1,500
- 330
- 330
- 本体・フレーム：ホワイトアッシュ

- サイズが大きく重量も重くなるので、搬入を考慮しフレームとすのこは別々に製作し現場で組み立てる方法をとった
- ヘッドや外周部は重厚感を出すために、やや堅めの木であるホワイトアッシュを採用
- 高さも建て主との相談だが、やや低めのほうが圧迫感がなく部屋が広く感じられる
- クッション性や通気性を考慮して、すのこのサイズやピッチを調整
- ベッドのサイズは既製の布団サイズなどを参考に決める

## 収納　押入れスノコの中棚

■ 断面図（S＝1:10）

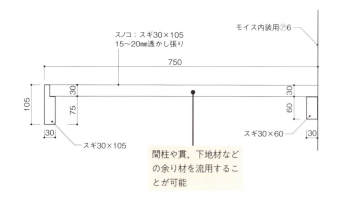

地場産のスギを使い、押入れの中棚をつくった例。スギは桐の次に多くの空隙をもつため、調湿効果も期待できる

## 収納　エッジのきいたシューズボックス

■ 断面図（S＝1:6）

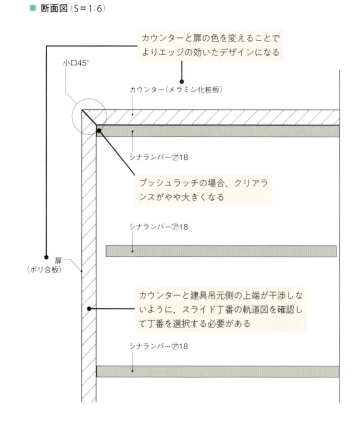

45度のテーパーをとってシャープに仕上げたシューズボックス。本体のみを大工工事とし、カウンターと建具を建具工事か家具工事とすると仕上がりがよりよくなる。またカウンターと扉の色柄を変えるとよりシャープ感が増す

067

## 収納　洋服掛けパイプの受け

■ 断面図（S＝1:6）

```
390
枕棚：シナランバー
360
ステンレスパイプφ25
控え壁：シナランバー
```

25mm径程度のステンレスパイプは、たわみを考慮するとスパンは1,800mm程度が限界。それ以上のスパンとする場合は、パイプ径を太くするか、この控え壁を適宜設けるとよい。また、枕棚も歩留まりにより1,820mmごとにジョイントする必要がある

枕棚をもつ洋服掛けパイプ。枕棚の受けも兼ねたつなぎ用の控え壁を設けているため、棚にある程度重いものを置いても耐えることができる

## 収納　階段踊り場の収納ボックス

階段踊り場の下のデッドスペースを収納ボックスとした例。収納の蓋は階段材と同じタモ集成材。集成材はラミナを直交する方向に反りやすいので、将来蓋の変形がしないよう、使用する材料の材質や特性について十分に吟味したい

## 収納　手摺付きの下駄箱

靴の脱ぎ履きの際、下駄箱があるとカウンターに手をつきたくなる。その動作を考えて、カウンターに手摺をつくった例。メルクシパイン集成材30mm厚のカウンターに穴あけ加工をしている。なお、この手摺は傘掛けとしても利用できる

## 収納 段々下駄箱

玄関の目隠しを兼ねた下駄箱。収納力、解放感、目隠しなどいくつかの機能を両立するために、高さの違う下駄箱を組み合わせた。扉をカウンターや側壁より勝たせる「かぶせ」とすることで、スッキリとした印象の下駄箱となった

この造作は家具工事ではなく大工がすることになったのだが、詳細の納まりにやや不安があったため、3D図面を使って施工指示を行った

■ 下駄箱姿図

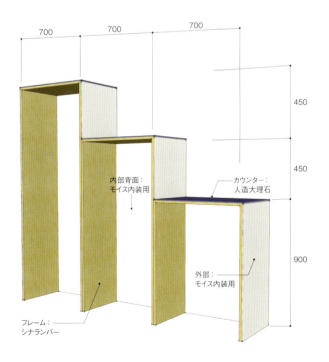

■ カウンター詳細図

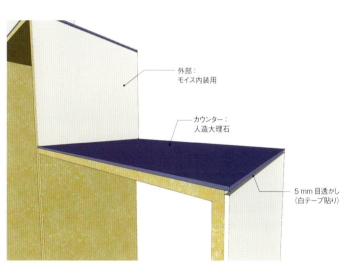

納まり図を平面図、展開図、断面図など何面も製図するのは非常に手間がかかる。またその割には施工者にとってイメージがつかみにくく、納まりの悪い部分があっても気付きにくい。そこで「SketchUp」を使い、3Dの図面をサクッと書いて大工へ渡した。3Dで書けば納まりの不具合だけでなく見栄えまでチェックできる。最近では納まり図を3Dで書くことのほうが多くなった

フレームにシナランバー、カウンターに人工大理石、壁の外周と内部奥にはモイス。このようにいくつかの異素材を使って造作する場合、どの部分はどの素材を勝たせるのか？ 見切りはどうするのか？ などは設計者から施工者に明確な指示が必要だ。2Dではなかなかイメージしにくい納まり図も、上図のように3Dで指示すればとても分かりやすく施工もスムーズになる

## 収納　独立した外収納

外収納を独立してつくると目隠しとして配置でき、外観のアクセントとしても効果的である。この場合の注意点は、物置は雨樋などを省きシンプルできれいなデザインとすること。また建築基準法に則ってつくらなければならないので、コンクリートブロック造の基礎はNGとなり、鉄筋コンクリート造の基礎が必要になる

外部収納を独立させてつくった例である。既製品の物置では味気なくこだわりの住まいも台なしなので、物置を住宅にビルトインする方法が一般的。だが、ここでは住宅本体とは切り離し、単独で物置を建築してみた

## 収納　スキップフロア収納庫

寝室の床を1.4m程度上げてその下に収納庫をつくってみた。寝室なら天井高が多少低くなっても（建築基準法の中で）問題ないスキップフロアとなるので、構造的に成り立たせる工夫も必要となってくる

## 収納　超ローコスト下駄箱

構造用合板だけでつくった下駄箱。超ローコストで簡素なつくりだが、倉庫をリノベした物件（写真）ではこのシャビーな感じがとてもよく似合った。ローコストとはいえ「組立てビスが見えないように」「合板表面はサンダー掛けする」など細かな配慮がなされている

# 5章

# 水廻り

キッチン、洗面、浴室などの既製品は高品質で至れり尽くせりの機能が満載だ。しかし、キッチンや洗面を前章の家具同様に造作してみると、一気に空間と馴染む。特にキッチンはボリュームも大きく存在感がある。ピカピカの既製品がドンと置いてあるより、その空間にしっくりとくる素材やデザインとするほうが、数段印象がよい。洗面や浴室なども造作することにより、個性的だが癖のない水廻り空間がつくれる。

| 台所 | シャビーなキッチン（写真・イラスト）

前項までの施工例でたびたび登場した倉庫を住宅にリノベした物件のキッチン。この空間にマッチするキッチンは既製品では見つからない。そこでスチールのフレームと構造用合板でコストを抑えたシャビーなキッチンを造作した

スチールの角パイプをフレームとし、ステンレスカウンターを乗せ、構造用合板で側板と棚板を造作。とても武骨なキッチンだが、ピカピカの既製品ではこの特異な空間を許容できなかったであろう。吊り下げレンジフードは18頁で紹介。露出のスパイラルダクトなども含めてこのキッチンの空間にはマッチしている。また、構造用合板、つや消し黒で塗装されたスチール、内装仕上げとキッチンの仕様を統一するだけで、とてもまとまりのある空間となっている

■ キッチン姿図

フレームの取付けピースの位置や向きなどが間違えやすいので、2D図面と同時に3Dの図面も提出する

既製品とは違い1点ものなので、建て主にも伝わるように3Dを使い完成イメージを共有する必要がある

## 台所 シャビーなキッチン（図面）

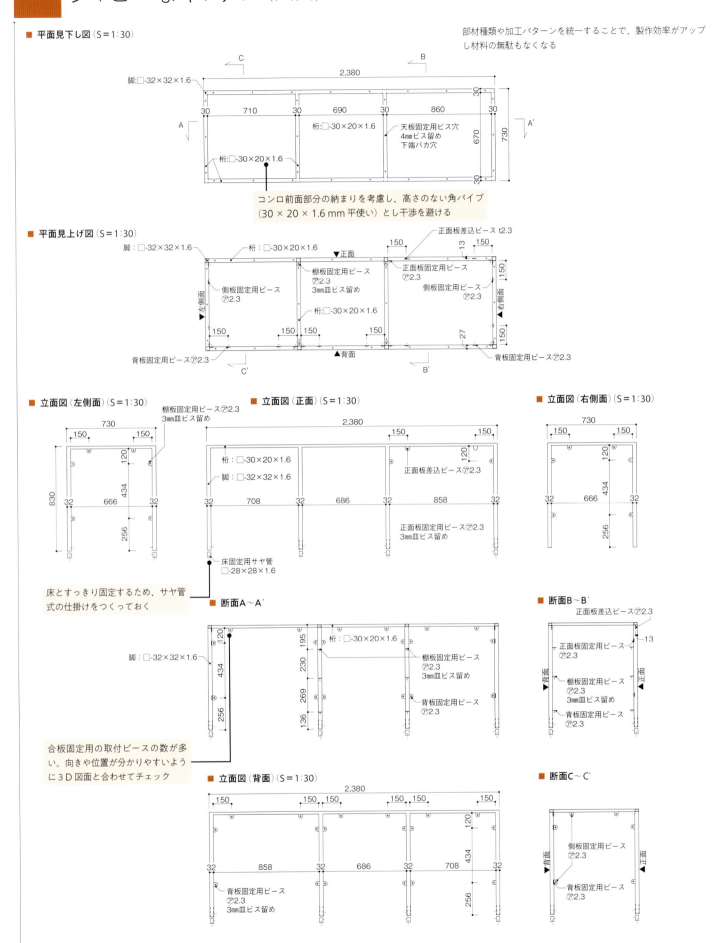

## 台所　オールステンレスなキッチン（写真・イラスト）

壁面までステンレス仕様のキッチンはとても高価だ。しかし大工の造作でつくってみると、意外に安価で済む。シンクトップ製造会社のシゲル工業にカウンターシンクと壁面のステンレスパネルをオーダーし、現場で大工がランバーなどで組み立てたキッチンに張り付けて造作した

手慣れた大工が組み立てたので、数時間程度で施工が完了した。その後に引出し収納や食洗器などをビルトインすれば既製品同等のクオリティを持つキッチンが出来上がる

■ 平面図（S＝1:20）

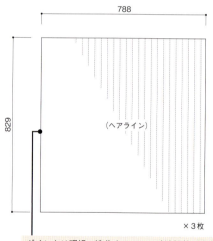

ステンレス背面パネル（ヘアライン）
788 × 829
（ヘアライン）
×3枚

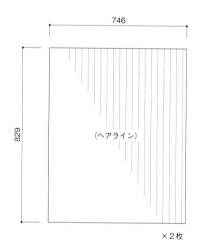

ステンレス側面パネル（ヘアライン）
746 × 829
（ヘアライン）
×2枚

ポイントは現場で造作するので、寸法誤差が許容できるように、ステンレスパネルはクリアランスを見込んで数mm小さめに発注する必要がある

■ カウンター断面図（S＝1:2）

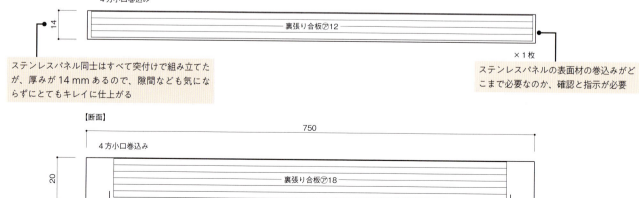

4方小口巻込み
14
裏張り合板⑦12
×1枚

ステンレスパネル同士はすべて突付けで組み立てたが、厚みが14mmあるので、隙間なども気にならずにとてもキレイに仕上がる

ステンレスパネルの表面材の巻込みがどこまで必要なのか、確認と指示が必要

【断面】
750
4方小口巻込み
20
裏張り合板⑦18

| 台所 | オールステンレスなキッチン（図面） |

■ 断面図（S＝1:20）

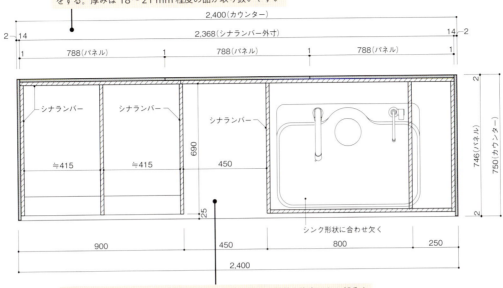

キッチンフレームはシナランバーやワランランバーで造作をする。厚みは18〜21mm程度の品が取り扱いやすい

現場造作とする場合は、寸法を厳守する部分と多少の誤差を許容できる部分を指示する。食器洗浄機が入る間口などは寸法を厳守すべき部分だ

■ 断面図（S＝1:20）

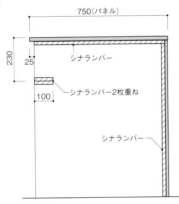
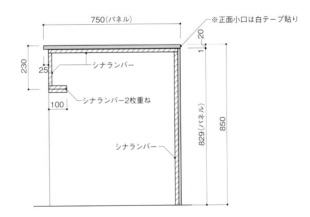

■ 平面図（S＝1:20）

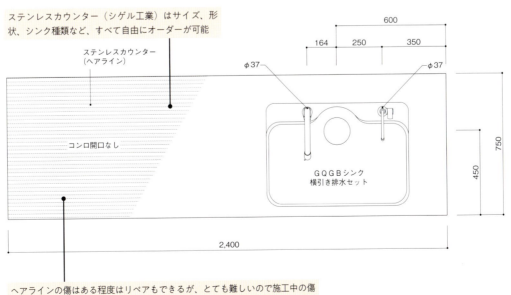

ステンレスカウンター（シゲル工業）はサイズ、形状、シンク種類など、すべて自由にオーダーが可能

ヘアラインの傷はある程度はリペアもできるが、とても難しいので施工中の傷には十分に注意したい。念には念を入れた養生は必須である

075

| 水廻り | 脚のないテーブルと連続するキッチン |

長さ2,400 mmのキッチンと長さ1,600 mmのダイニングテーブルを一体化し、さらにテーブルをキャンチレバー（片持ち）にした例。このキャンチレバーを可能にしているのは、高強度なCFT構造（鉄鋼管にコンクリートを充塡したもの）の下地である。テーブルに脚がないとコーナー部まで使え着座定員が増え、掃除もずいぶん楽になる

角パイプにグラウト（無収縮モルタル）を充塡した超高強度なCFT構造フレームを採用。なお、テーブル側の荷重でキッチン側が持ち上がらないようにしっかりと床に固定する必要がある

■ フレーム姿図

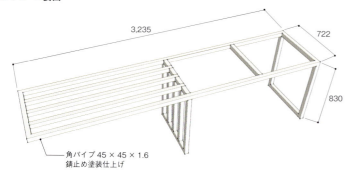

■ 天板姿図

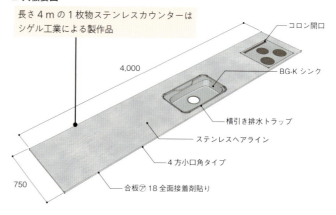

長さ4mの1枚物ステンレスカウンターはシゲル工業による製作品

■ フレーム断面図（S＝1:30）

■ フレーム平面図（S＝1:30）

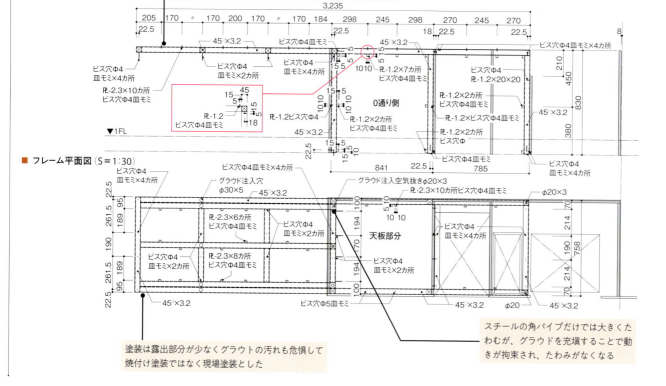

塗装は露出部分が少なくグラウトの汚れも危惧して焼付け塗装ではなく現場塗装とした

スチールの角パイプだけでは大きくたわむが、グラウドを充塡することで動きが拘束され、たわみがなくなる

## 水廻り 既製システムキッチンを使い高級感を出す

既成品のキッチンをRCのコの字の壁で囲った例。RC壁の笠木はチークの無垢板。とても高級感のあるキッチンとなった

■ 断面図（S＝1:5）

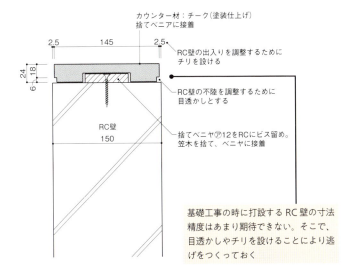

カウンター材：チーク（塗装仕上げ）捨てベニアに接着

RC壁の出入りを調整するためにチリを設ける

RC壁の不陸を調整するために目透かしとする

捨てベニヤ⑦12をRCにビス留め。笠木を捨てベニアに接着

基礎工事の時に打設するRC壁の寸法精度はあまり期待できない。そこで、目透かしやチリを設けることにより逃げをつくっておく

## 台所 モイスでつくる食器棚

食器棚もモイスを使用して造作している。モイスの調湿や消臭効果を利用するために、壁面だけでなく内部にもふんだんに使用。ボリュームのある食器棚やキッチンも内装仕上げと同じモイスを使ってつくることで、空間へのインパクトが少なくなじむ

戸棚下端の素材も調湿効果が高いモイスを使用している。炊飯器などから出る蒸気の汗かきなども心配不要。調湿、消臭効果はもちろん、不燃材なので内装制限のかかる火気使用室にも安心して使える

| 台所 | # CB積みで勝手場風のキッチンに

まるで釜戸の様にコンクリートブロック（CB）を積んでつくったキッチンの例。土間に設置したキッチンは畑でとれた野菜をダイレクトに持ってきて調理ができる。昔の勝手場だ。CBを積み上げてつくったキッチンは土間空間ではとても自然に見える

左官職人がCBを積んでステンレスのシンクカウンターをポンと乗せただけ。オーダーキッチンにしては施工図がとてもシンプルで単純明快である

■ カウンター平面図（S＝1:30）

■ コンクリートブロック平面図（S＝1:30）

CB積みは特別な配慮は要らない、通常のCB塀と同じ施工方法でOKだ

中仕切りのスパンによっては、カウンター前下がり部がたわまないように、角パイプや幕板などで補強する必要もある

■ 断面図（S＝1:30）

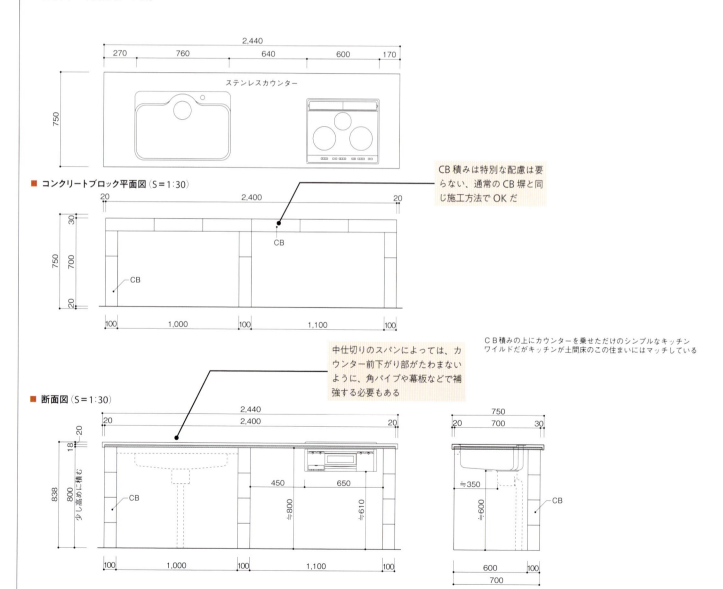

ＣＢ積みの上にカウンターを乗せただけのシンプルなキッチン ワイルドだがキッチンが土間床のこの住まいにはマッチしている

## 台所　モイスでつくるⅡ型キッチン（シンク側）

前項まで紹介してきたように弊社の内装材は「モイス内装用」を標準的に採用している。キッチンにもそのモイスを使って大工の造作でつくることが多い

ボリュームのあるセパレートキッチンでも、キッチンが部屋の内装と同じモイスでつくられているので圧迫感も違和感もなく空間に溶け込んでいる

■ **カウンター平面図**（S＝1:30）

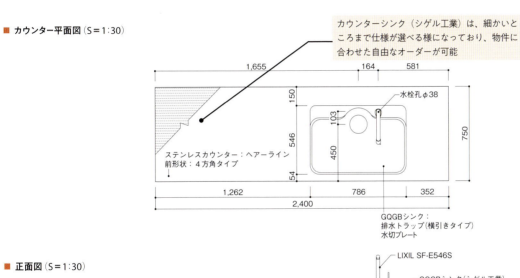

カウンターシンク（シゲル工業）は、細かいところまで仕様が選べる様になっており、物件に合わせた自由なオーダーが可能

■ **正面図**（S＝1:30）

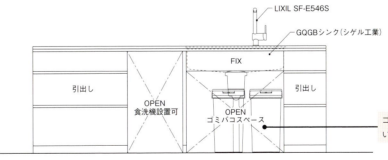

ゴミ箱スペースにもモイスが使われているので、消臭が大いに期待できる

■ **正面断面図**（S＝1:30）

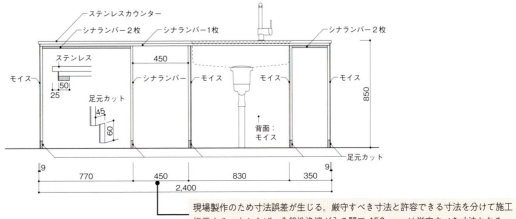

現場製作のため寸法誤差が生じる。厳守すべき寸法と許容できる寸法を分けて施工指示する。たとえば、食器洗浄機が入る間口450 mmは厳守すべき寸法となる

079

## 台所 モイスでつくるⅡ型キッチン（コンロ側）

前項同様にモイスでつくったキッチン。シンク下は扉を付けずにごみ箱置き場とした。内部までモイスが張ってあるので、消臭効果や調湿効果が期待できる

豪華でピカピカのシステムキッチンもよいが、空間とのマッチングに難がある。写真のように内装材と同じモイスでつくられたキッチンなら、まったく違和感なくその場に自然に溶け込んでいる

■ カウンター平面図（S＝1:40）

■ 展開図（S＝1:40）

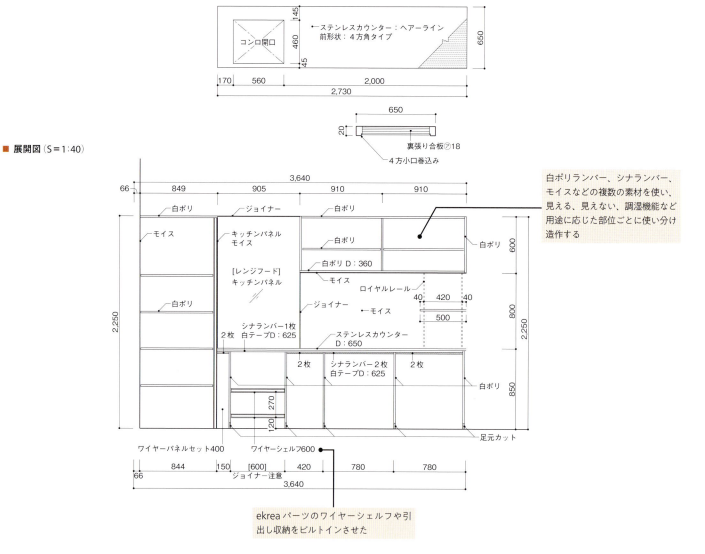

白ポリランバー、シナランバー、モイスなどの複数の素材を使い、見える、見えない、調湿機能など用途に応じた部位ごとに使い分け造作する

ekreaパーツのワイヤーシェルフや引出し収納をビルトインさせた

## 洗面 | 洗面は白カウンターでシンプルに

■ 断面図（S＝1:25）

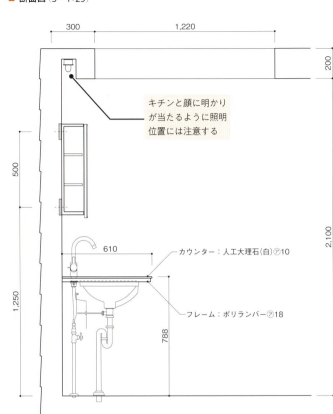

人工大理石や白ポリランバーを使い白を基調としてデザインされた洗面化粧台。清潔感のある明るい洗面所となった

■ 展開図（S＝1:25）

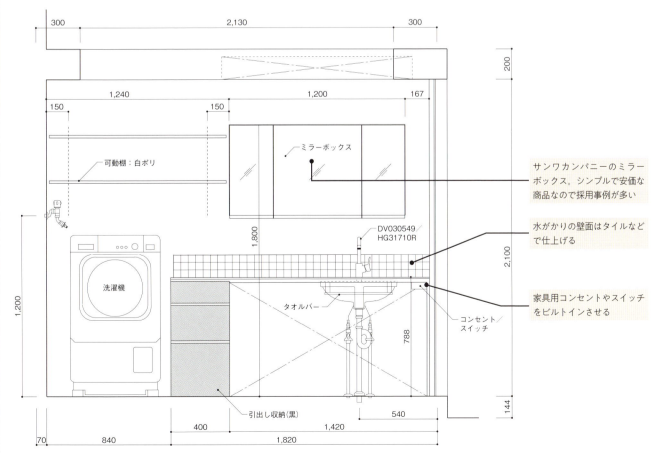

| 洗面 | **洗面は木のカウンターでカジュアルに**

洗面カウンターに木を使うと一気にカジュアルな印象となる。しかしながら木のカウンターを提案できるのは、将来の汚れや傷を味として許容していただける建て主に対してのみである

同じく木のカウンターとした別の事例。SK106（TOTO）は頻繁に採用するボウルだ。ワイドでシンプル、しかも安価なので建て主にも大変好評である

■ 展開図（S＝1:25）

■ 断面図（S＝1:25）

同材で前垂れをつくることで、カウンター小口の隠ぺいとたわみの防止となる

木のカウンターは小口から水を吸いやすく傷みやすい。なるべく小口を隠ぺいするように納める

## 洗面　スプルース3層パネルの洗面化粧台

同じくスプルース3層パネルによる別の事例。前項同様にカウンター小口は水を吸いやすく傷みやすいので、小口は隠ぺいするように納める。ミラーボックスはサンワカンパニーの既製品を採用

洗面カウンターにスプルース3層パネル（上野住宅建材）を使った例。大判の建材なので大型の洗面でも継手なしで使用できる

■ 平面図（S=1:10）

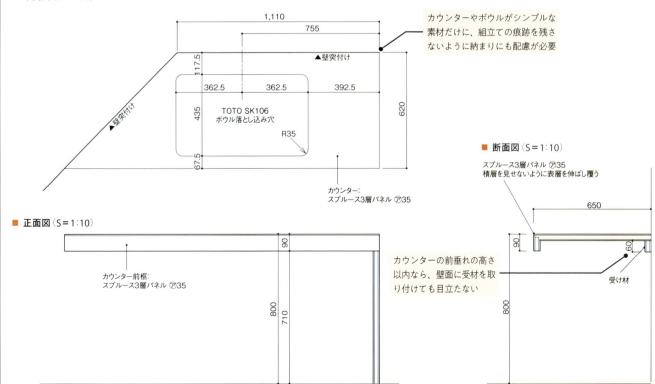

カウンターやボウルがシンプルな素材だけに、組立ての痕跡を残さないように納まりにも配慮が必要

■ 断面図（S=1:10）

スプルース3層パネル⑦35
積層を見せないように表層を伸ばし覆う

カウンター：スプルース3層パネル⑦35

■ 正面図（S=1:10）

カウンター前框：スプルース3層パネル⑦35

カウンターの前垂れの高さ以内なら、壁面に受材を取り付けても目立たない

受け材

083

## トイレ｜トイレ背面収納

近年の便器はとてもコンパクトである。トイレの奥行が1間（1,820 mm）だと、奥行きに相当な余裕がでる。そこで便器背面に奥行250 mm程度の収納を造作してみた

収納としてだけでなく、下部は配管スペースにもなるので、便器への給水管と土台や梁との干渉を避けることができる。注意する点は収納底が深すぎると、使いづらくなるので欲張らずに加減して深さを決めたい

■ 断面図（S＝1:20）

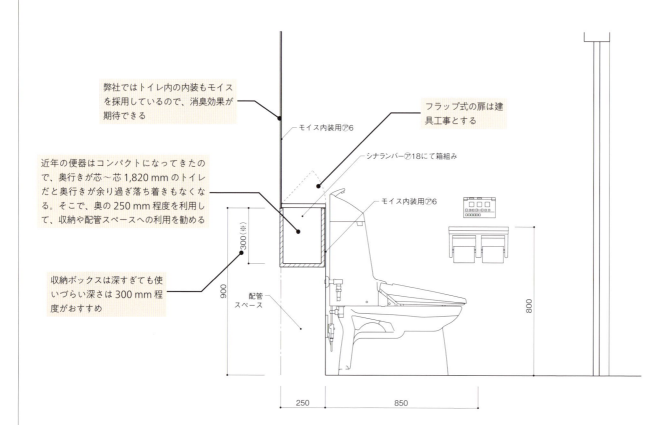

- 弊社ではトイレ内の内装もモイスを採用しているので、消臭効果が期待できる
- フラップ式の扉は建具工事とする
- 近年の便器はコンパクトになってきたので、奥行きが芯〜芯1,820 mmのトイレだと奥行きが余り過ぎ落ち着きもなくなる。そこで、奥の250 mm程度を利用して、収納や配管スペースへの利用を勧める
- 収納ボックスは深すぎても使いづらい深さは300 mm程度がおすすめ

## 浴室 フルオープンサッシ付きの浴室

前頁同様に露天風呂の感覚で楽しめる浴室である。窓に既製品のフルオープンサッシを使い、全開口したときに窓の存在が消えるよう納めた

浴室内に使用する羽目板は収縮が大きいため、施工時のクリアランスに十分に注意が必要だ

■ 平面図（S＝1:20）

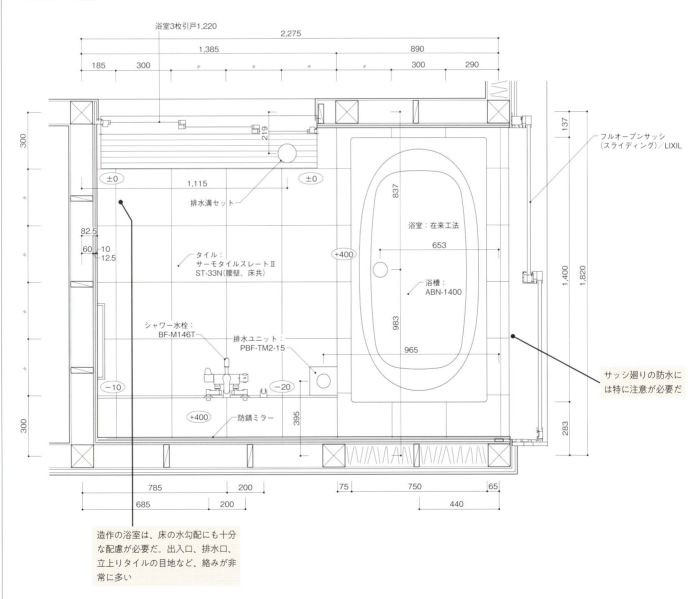

サッシ廻りの防水には特に注意が必要だ

造作の浴室は、床の水勾配にも十分な配慮が必要だ。出入口、排水口、立上りタイルの目地など、絡みが非常に多い

085

## 浴室 十和田石でつくる浴室（写真・図面）

床と腰壁に十和田石、壁と天井にサワラの羽目板、浴槽はヒノキ。窓はコーナーを大きく切り取り外部との一体感を演出し、露天風呂感覚となるように計画した

長期の防水性を確保すべく下地にはFRP防水が施されている。また仕上げの羽目板には水の切れを意識した納まりが必要となる

■ 平面図（S＝1:20）

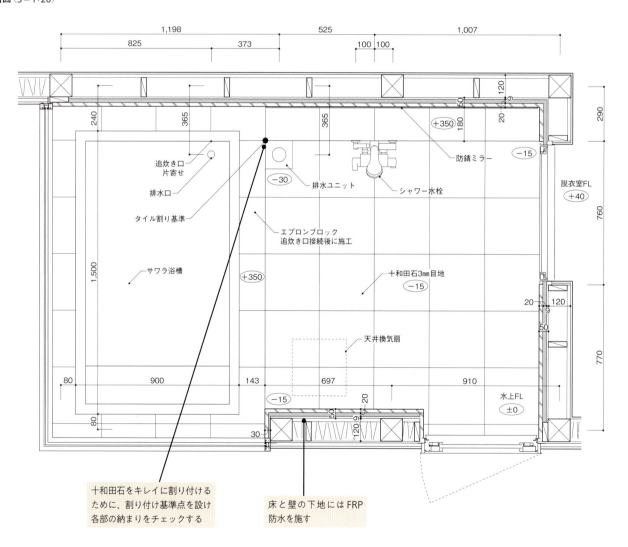

十和田石をキレイに割り付けるために、割り付け基準点を設け各部の納まりをチェックする

床と壁の下地にはFRP防水を施す

# 浴室 十和田石でつくる浴室（図面）

■ 断面図（S＝1:6）

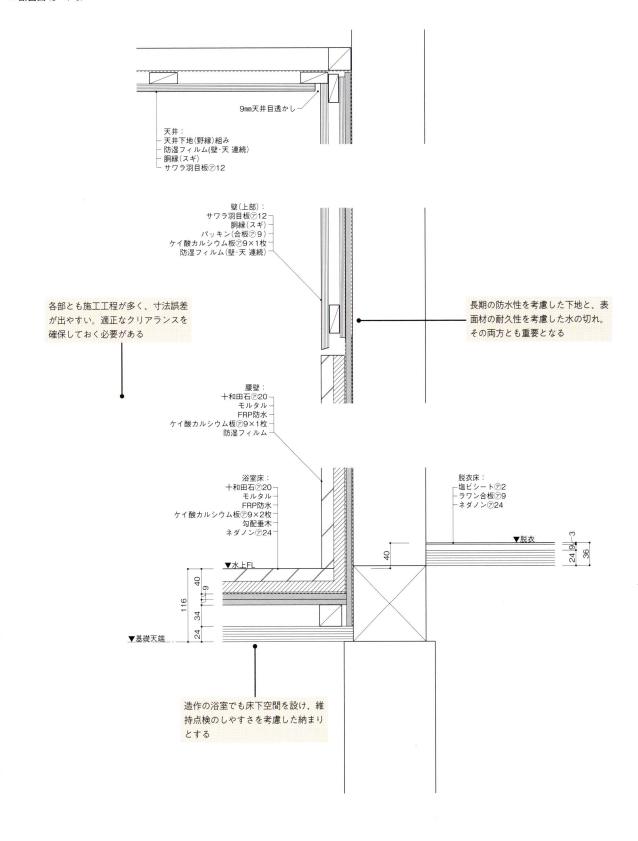

9mm天井目透かし

天井：
- 天井下地(野縁)組み
- 防湿フィルム(壁・天 連続)
- 胴縁(スギ)
- サワラ羽目板⑦12

壁（上部）：
- サワラ羽目板⑦12
- 胴縁(スギ)
- パッキン(合板⑦9)
- ケイ酸カルシウム板⑦9×1枚
- 防湿フィルム(壁・天 連続)

各部とも施工工程が多く、寸法誤差が出やすい。適正なクリアランスを確保しておく必要がある

長期の防水性を考慮した下地と、表面材の耐久性を考慮した水の切れ。その両方とも重要となる

腰壁：
- 十和田石⑦20
- モルタル
- FRP防水
- ケイ酸カルシウム板⑦9×1枚
- 防湿フィルム

浴室床：
- 十和田石⑦20
- モルタル
- FRP防水
- ケイ酸カルシウム板⑦9×2枚
- 勾配垂木
- ネダノン⑦24

脱衣床：
- 塩ビシート⑦2
- ラワン合板⑦9
- ネダノン⑦24

▼水上FL
▼脱衣
▼基礎天端

造作の浴室でも床下空間を設け、維持点検のしやすさを考慮した納まりとする

| 浴室 | **FRPとタイルでつくる浴室** |

■ 平面図（S＝1:25）

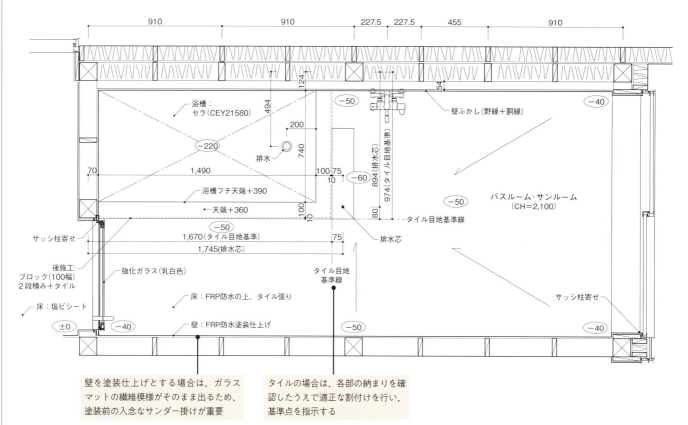

> 壁を塗装仕上げとする場合は、ガラスマットの繊維模様がそのまま出るため、塗装前の入念なサンダー掛けが重要

> タイルの場合は、各部の納まりを確認したうえで適正な割付けを行い、基準点を指示する

■ 断面図（S＝1:8）

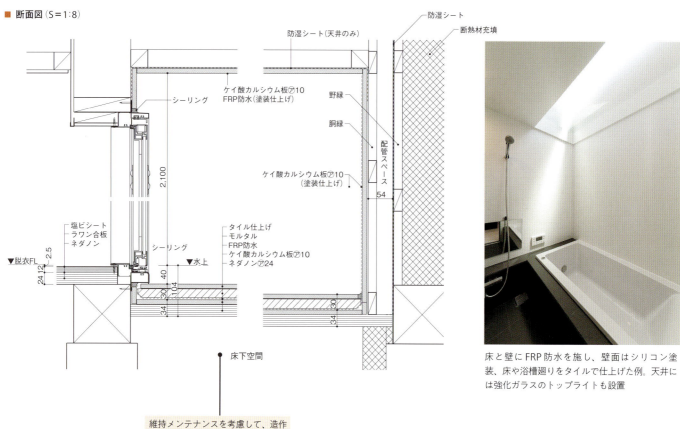

> 維持メンテナンスを考慮して、造作の浴室でも床下空間を確保しておく

床と壁にFRP防水を施し、壁面はシリコン塗装、床や浴槽廻りをタイルで仕上げた例。天井には強化ガラスのトップライトも設置

| 浴室 | **浴槽を床とフラットに**

前項までの浴室同様に下地に防水性の高いFRP防水を施せば信頼性が増し、さまざまなタイプの浴室にチャレンジができる。ここでは浴槽を床とフラットに納めた例を紹介する

温泉などによくあるように浴槽を床レベルにまで落し込んだ。浴槽に入ったときに視線がGLに近くなり、非日常的な感覚で庭を楽しむことができる

■ 断面図（S＝1:15）

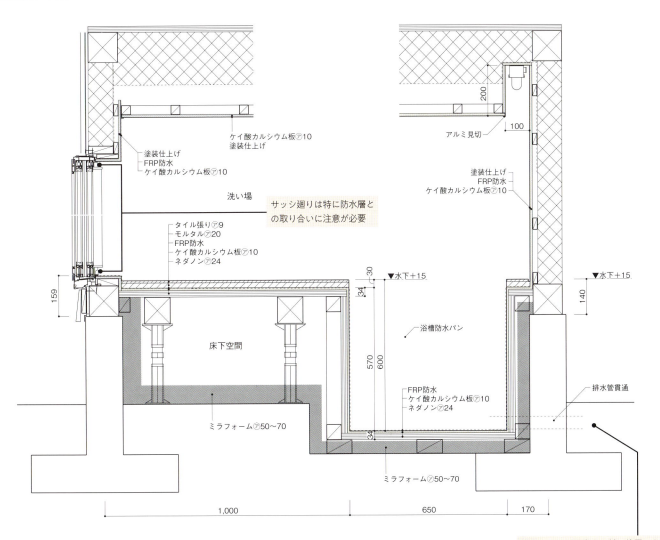

サッシ廻りは特に防水層との取り合いに注意が必要

排水レベルが通常より低い位置になるため、排水ルートの計画には入念な検討が必要だ

## 浴室 | トタン風な浴室

たびたび登場している倉庫を住宅にリノベした物件の浴室。床と腰壁はタイル、壁と天井にはガルバリウム鋼板の丸波を張ってみた。トタン風な浴室はこの物件にはとても似合う

写真はFRPが施工される前のケイカル板下の様子。地壁天井のガルバリウム鋼板はあくまでも1次防水で、その下のFRPで完璧な防水を施す

■ **断面図**（S＝1:25）

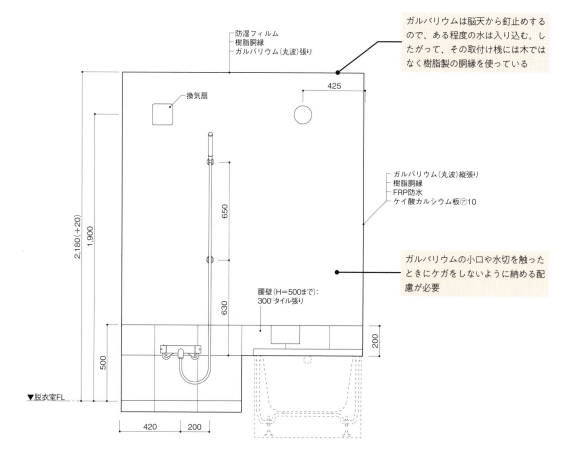

- 防湿フィルム
- 樹脂胴縁
- ガルバリウム（丸波）張り

ガルバリウムは脳天から釘止めするので、ある程度の水は入り込む。したがって、その取付け桟には木ではなく樹脂製の胴縁を使っている

- ガルバリウム（丸波）縦張り
- 樹脂胴縁
- FRP防水
- ケイ酸カルシウム板⑦10

ガルバリウムの小口や水切を触ったときにケガをしないように納める配慮が必要

腰壁（H＝500まで）：300□タイル張り

# 6章
# 外壁・外構

外壁、外構により建物の印象がほぼ決まる。弊社では外壁に「木」を採用することが多い。もちろん経年による見た目の変化を許容してもらえる建て主限定となる。10年経過したら10年経った風貌、20年経ったら20年経った風貌になるのは、ごく自然な感じで愛着もわいてくる。また、既製品のサイディングとは異なり、何十年後でも材料はなくならずに補修が可能な点も「木」を進める理由だ。

## 外壁　超定番の羽目板張り

スギの羽目板をキシラデコール（ワイス）で仕上げた例。経年により木肌の色は白く色が飛び、雨で黒ずみ、やがてシルバーグレイに変化する。よって、白、黒、グレーの塗料を使うことで経年による色の変化は緩やかとなり、塗替えせずそのまま経年変化を楽しむことが可能。白い木の棟、黒いガルバの棟、木肌のウェスタンレッドシダーの棟と棟ごとに色や素材を変えることでとてもユニークなファサードとなった

スギ板に初期から経年変化したような風合いとなるウッドロングエコを塗布した例。原料は天然成分のみで安全。見た目にも落ち着きのある仕上がりとなる

## 外壁　目透かし堅板張り

外壁を目透かし張りにした例。板間の隙間を空けて施工することにより、外壁下地の通気性が向上。目透かし幅は4〜6mm程度で、虫の侵入対策として下地にはロール網が張ってある。写真では幅の違うウェスタンレッドシダーを数種用意し、ランダムに施工している

同様に目透かし張りとした外壁。スギ板にキシラデコール（ワイス）を塗布してある。フラットな表情の建物だが、自然な印象のまま個性的な佇まいとなった。玄関ポーチ内の壁天井は構造用合板仕上げ、ポーチ階段は靴に着いた雪を落とすためにグレーチングとなっている

## 外壁 目透かし横板張り

ウェスタンレッドシダーをひし形に製材し目透かし張りとした例。無塗装のままとし、経年変化を楽しむこととした

写真は竣工から数年が経過して、シルバーグレイの一歩手前くらいの時期。ウッドデッキと同じ樹種なので、連続して見える

### ■ 断面図（S＝1:4）

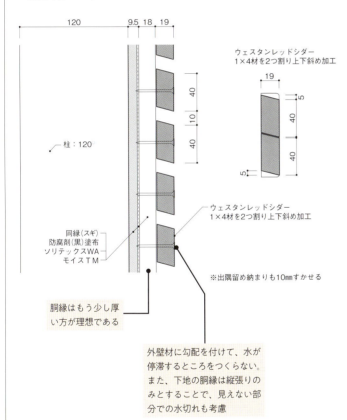

ウェスタンレッドシダー
1×4材を2つ割り上下斜め加工

柱：120

同縁（スギ）
防腐剤（黒）塗布
ソリテックスWA
モイスTM

ウェスタンレッドシダー
1×4材を2つ割り上下斜め加工

※出隅留め納まりも10mmすかせる

胴縁はもう少し厚い方が理想である

外壁材に勾配を付けて、水が停滞するところをつくらない。また、下地の胴縁は縦張りのみとすることで、見えない部分での水切れも考慮

材同士を一切突き付けない、オープンジョイント工法。材を徹底的に透かせることで水の切れがよくなり、乾きも早くなる

下地の透室防水シートには、黒くて対候性の高いソリテックスWAを使用し、下地胴縁は黒い防腐塗料を塗布、耐久性と下地の透けに配慮

## 外壁 超定番の雨板張り

建物を伸びやかに見せる横張りの雨板。上下板を重ねて張る雨板張りは、外壁に陰影ができ、建物の重厚感も出る

雨板とは異なるが、ウェスタンレッドシダーによるベベルサイディングを使った例。スギの雨板よりシャープでモダンな印象となる

当社では、雨板張りに使うスギやウェスタンレッドシダーの板表面はノコ挽き仕上げのまま使い、間近で見たときの本物の木の素材感が出るようにしている

■ 断面図（S＝1：6）

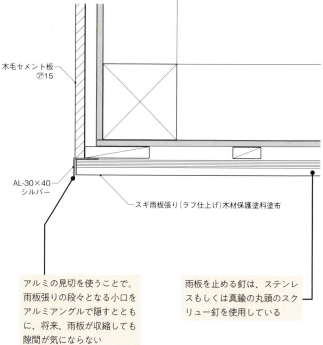

- 木毛セメント板 ⑦15
- AL-30×40 シルバー
- スギ雨板張り（ラフ仕上げ）木材保護塗料塗布

アルミの見切を使うことで、雨板張りの段々となる小口をアルミアングルで隠すとともに、将来、雨板が収縮しても隙間が気にならない

雨板を止める釘は、ステンレスもしくは真鍮の丸頭のスクリュー釘を使用している

上下板を重ねる雨板張りは断面に複雑な凹凸ができ、出隅や端部の納まりがきれいに見えない。そこで、アルミのLアングルで見切ることにした。見切に木を使うと、将来木の収縮による隙間が気になるが、アルミなど別の素材を使うと気にならなくなる

## 外壁　スギ板押縁押さえ

縦張りのスギ板を押縁で抑えたスタンダードな外壁。和風でもモダンでも許容する。一見スギの板には見えないが板表面をノコ挽き仕上げのまま使うことで、間近で見たときの本物の木の素材感が十分に伝わる。凹凸のないシンプルな外観でも、スギ板を押縁で押さえることで、表情に深みや個性がでる

スギの外壁というと和風になりがちだが、白い保護塗料を使うことで爽やかなモダンな印象にもなる。強化ガラスの庇や植栽がとても映えて見える

## 外壁　焼きスギ板張り

スギ板の表面が炭化させた焼スギは、耐久性と耐候性がアップ。ただし、炭化した表面は風雨により比較的早い段階（数か月）で落ち始めるので、建て主の理解が欠かせない。なお、玄関ポーチはフラット板の白塗装仕上げ、軒裏は構造用合板となっている。斜めにカットされた壁は、訪問者をさりげなくポーチに誘っている

焼スギは、表面の炭化した荒い粒子をいったんブラシで落とし、黒色の防腐塗料を塗布したものを使っている。この処理によって初期の経年変化が比較的穏やかになる

## 外壁　ガルバリウム鋼板横葺き

白いガルバリウムの長尺横葺きを外壁とした例。サイディングとは異なり比較的長い材料が採用できるので、継ぎ目のない伸びやかな意匠が可能となる。ただし、無機質な印象の外壁となるので、外壁の近くには必ず植栽が欲しい。樹木を1本植えるだけで一気に好印象となる

白い角波のガルバリウム鋼板を採用した例。シンプルで癖のない外壁なので、木のフェンスやアクセントがとても生きてくる。なお、ガルバリウム鋼板で白を採用する場合は、なるべくツヤのないマットなカラーを選びたい。光沢があるとチープな印象となってしまう

## 外壁　ガルバリウム鋼板立平葺き

ガルバリウム鋼板は、安価で耐久性が高く加工形状やカラーのバリエーションが豊富なので、弊社でも採用例が多い。写真の白い部分は角波張り、黒い部分は屋根の水下側の外壁で屋根から壁へ雨が伝って落ちるつくりのため、屋根と同じ立平葺きとなっている

シルバーの立平葺きを外壁に採用した例。雨樋を廃止し、屋根の延長として機能させた。光沢のあるカラーを採用する場合、ガルバリウムの凹凸が目立ちやすいので施工精度にも配慮する。外壁周辺に雨水が落ちるので、こと前に建て主に了承してもらう必要がある

## 外壁　無塗装のフラット3×10板

窯業系のフラット板（3×10板）を、シリコン塗装で仕上げた例。出窓を白いアクセントとした。メインの外壁はスギ板押縁押さえに木材保護塗料（ブルーグレイ）を塗布している

ガレージ内の壁天井にフラット板の3×10板をブラック塗装で採用。やや光沢が出てしまうが、平滑な仕上がりで白い木の外壁の裏地的な意味合いがでる。サッシや屋根の差し色（黒）を考慮すると、必然的な色の選択でもある

ポーチ内の壁天井にフラット板の3×10板のホワイト塗装仕上げを採用。塗装は、汚れにくく耐久性が高いシリコン塗装がオススメ。すでにほかの色や素材が多く使われている空間において存在感を消せる貴重な建材である

玄関周りに黒い焼スギ、針葉樹合板の軒裏、木製玄関ドアを採用。これ以上の個性ある素材はいらない。残った壁には必然的に存在感を消せるフラット板の3×10板のホワイト塗装仕上げが採用されることになった

軒裏の仕上げにフラット板の3×10板を使った例。このマットで白い軒裏によってスッキリと明るい軒下空間になるとともに、外壁の雨板張りやルーバー手摺の木の風合いがより強調された

## 外壁 準不燃材の木毛セメント板

木毛セメント板は間伐材などをリボン状に削ったものをセメントで固めたもので、準不燃材で耐久性もあり、環境にも配慮された建材。当社ではガレージや軒下で採用するケースが多い。出隅は木毛セメント板の小口をそのまま露しとして納めている

木毛セメント板のテクスチュアは個人的には好みだが、メーカーや商品によって少々印象が異なる。あらかじめサンプルなどで確認しておく必要がある。木毛セメント板はステンレスビスで脳天から留めているが、ビス頭はさほど目立たない

## 外壁 異なる外壁材の組合せ

さまざまな外壁材を組み合わせて使うことで、豊かな表情の外観がつくれる。防火性、防水性、意匠性、メンテナンス性などさまざまな条件を考慮し、適切な組み合わせを採用したい。ここではスギ雨板張りと木毛セメント板とガルバリウム鋼板を採用した

この建物がなぜこの形になったのか。しっかりとした理由があれば、どんな外壁材を選んだらよいのかも自ずと決まってくる。建て主の好みだけで外壁材を選択するのではなく、その建物にあった外壁材を設計者が自信をもって提案するべきだ。ここでは外周部にガルバリウム鋼板、軒下に構造用合板の木材保護塗料（ワイス）塗布品を採用した

## 外壁　塊感を出せるジョリパッド

古くから実績のある塗り壁。豊富なカラーとテクスチュアでさまざまな使い方が可能。ほぼ無目地で施工できるので、塊感のある外観になる

耐久性が非常に高くメンテナンスもほぼ不要だが、色やテクスチュアによっては汚れが懸念される。また価格が高めなので、ファサードなどピンポイントで使用している

## 外構　RCフェンス

コンクリート打ち放しがとてもきれいに仕上がった高級感のあるRC造のフェンス。危惧されるのは経年による汚れ。フェンス天端にたまった砂やチリなどが雨で流れ落ちるとＲＣ表面に涙のような汚れとしてこびりつくのだ

RC表面の汚れを防ぐためにフェンス天端に既製品のアルミの笠木（アーキブレイド）を設置。水切効果による防汚はもちろんだが、意匠的にも数段グレードアップした。打放しコンクリートの表面にはクリアのシリコン塗料を塗布している

## 外壁　ガラスブロックのカーテンウォール

壁2面をガラスブロック（GB）で覆った木造の店舗併用住宅。木の軸組にGBをFIXすると地震ときにGBが破損する可能性がある。そこで、GBは軸組とは縁を切り、外周部に積み上げるカーテンウォール工法とした

カーテンウォール化が功を奏し、新潟県中越地震でもGBにはヒビ1つ入らなかった。GBが軸組の外部に積んであるのが写真からも確認できる

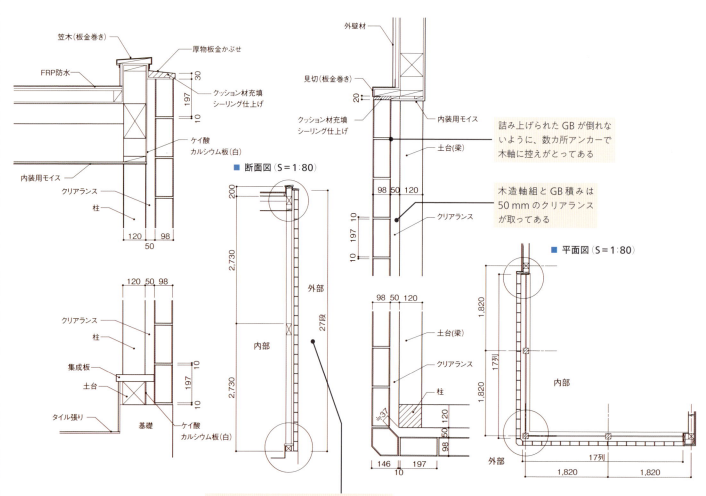

■ 断面詳細図（S＝1:20）　　■ 平面詳細図（S＝1:20）　　■ 断面図（S＝1:80）　　■ 平面図（S＝1:80）

詰み上げられたGBが倒れないように、数カ所アンカーで木軸に控えがとってある

木造軸組とGB積みは50mmのクリアランスが取ってある

35列×27段＝945個のGBを使用。夜間、店舗に照明をつけると建物自体がランタンのような明かりとなり、通りを明るく照らす

| 外構 | ガラスブロックのフェンス

GBが単体で自立しているように見せるために床と片壁にアンカーを打ち、そこから鉄筋を伸ばし、GB積み目地内でクロスさせ緊結した。こうすることでフレームのないスッキリとしたGB塀が出来上がる

軽く視線を遮りつつ光を通すためにガラスブロック（GB）のフェンスをつくった。通常は自立する強固なフレームを4方に回し、GBを固定することになる。しかし、そのフレームの存在により軽快感が失われてしまうので工夫が必要

■ ガラスブロック姿図

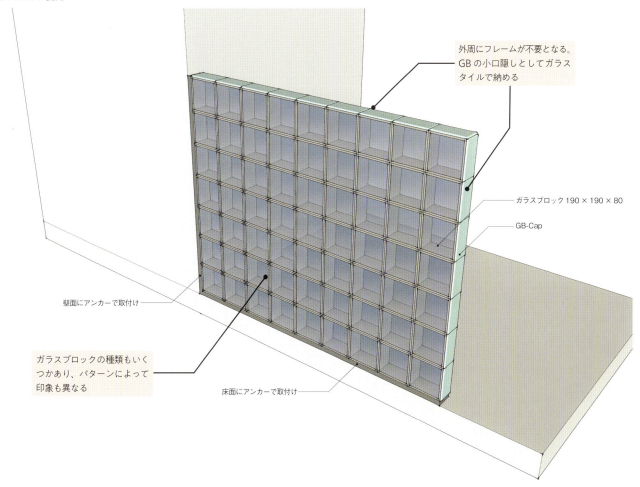

外周にフレームが不要となる。GBの小口隠しとしてガラスタイルで納める

ガラスブロック 190×190×80

GB-Cap

壁面にアンカーで取付け

ガラスブロックの種類もいくつかあり、パターンによって印象も異なる

床面にアンカーで取付け

## 外構　目透かし張りの木製フェンス

安価に木製フェンスをつくる方法を考えてみた。ポイントは高さのある支柱を基礎屋や左官屋を入れずに大工のみでいかにしっかりと固定できるかが重要だ

ウェスタンレッドシダー（2×4）の柱を、長さ600mmのアルミの角パイプに200mmほど差し込む。それを300×300×300mmの穴の中に立てて、練りコンクリートで固める。角パイプの下端には地面へのめり込み防止のためにパッキンなどを敷くことも忘れないように

■ 断面図（S＝1:20）

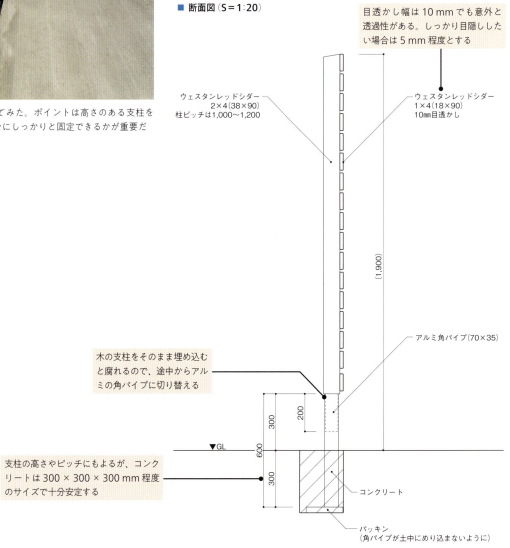

- 目透かし幅は10mmでも意外と透過性がある。しっかり目隠ししたい場合は5mm程度とする
- ウェスタンレッドシダー 2×4（38×90） 柱ピッチは1,000～1,200
- ウェスタンレッドシダー 1×4（18×90） 10mm目透かし
- アルミ角パイプ（70×35）
- 木の支柱をそのまま埋め込むと腐れるので、途中からアルミの角パイプに切り替える
- 支柱の高さやピッチにもよるが、コンクリートは300×300×300mm程度のサイズで十分安定する
- コンクリート
- パッキン（角パイプが土中にめり込まないように）

## 外構　雨板張りの木製フェンス

左頁と同様に支柱を立てて両面をスギの雨板張りとした例である

住宅の外壁と同じ仕様のフェンス。両面張りとすることで厚みも出て、建物との一体感のあるフェンスとなった

■ 平面図（S＝1:80）

■ 断面図（S＝1:25）

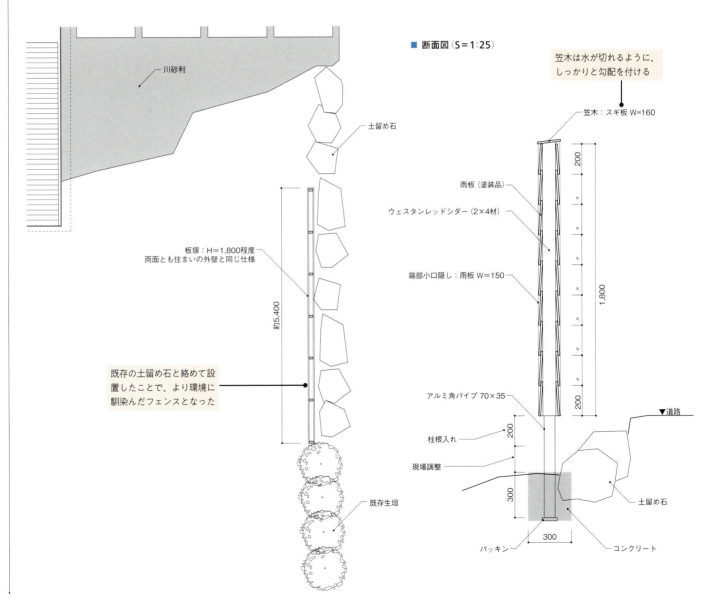

## 外構　ポリカ波板フェンス

■ 平面図（S=1:60）

DIYなどでもよく使われる安価なポリカーボネートの波板を使って目隠しフェンスをつくった例

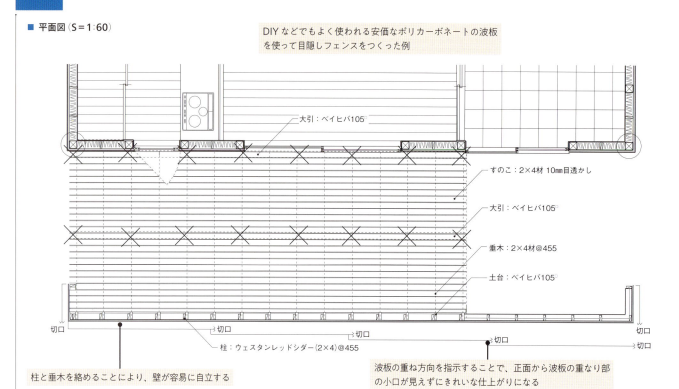

柱と垂木を絡めることにより、壁が容易に自立する

波板の重ね方向を指示することで、正面から波板の重なり部の小口が見えずにきれいな仕上がりになる

■ 出隅断面図（S=1:4)　　■ 端部断面図（S=1:6）

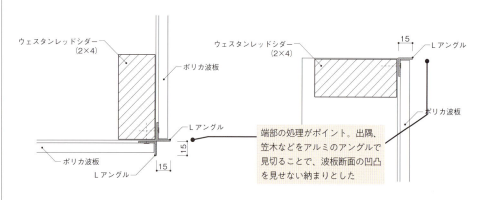

端部の処理がポイント。出隅、笠木などをアルミのアングルで見切ることで、波板断面の凹凸を見せない納まりとした

■ 笠木断面図（S=1:4）　　■ 土台廻り断面図（S=1:6）

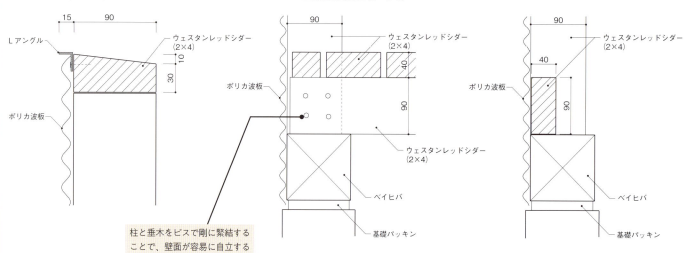

柱と垂木をビスで剛に緊結することで、壁面が容易に自立する

## 外構　ヒノキのウッドデッキ

ウッドデッキの樹種は耐久性を考慮すると、ウリンやイペなど堅木を使いたいところだが、価格や意匠の面で採用できないケースも多い。この物件では比較的柔らかい樹種だが、安価な国産のヒノキを採用してみた

柔らかい樹種を採用する場合、雨水が沁み込んで乾きにくくなるため、表面に打ったビスのめり込み穴部分が比較的早く痛んでくる。ここではすのこの下からビスで留めるなどして、表面に水のたまり場をつくらないように工夫している

■ 平面図（S＝1:50）

■ 断面図（S＝1:30）

デッキはビス穴から傷みやすいので、下からビス留めする

デッキ：105×30（ヒノキ：無塗装）
大引：105（ヒノキ：無塗装）
鋼製束 YM-4562L

デッキ下部の納め方で印象が大きく異なる。根太を省略するなどなるべくスッキリと見せたい

根太を転ばしとせずに大引に落し込むか、大引のみで下地をつくると、デッキ下部がスッキリと見える

デッキ：105×30（ヒノキ：無塗装）
大引：105（ヒノキ：無塗装）
鋼製束 YM-4562L

## 外構　屋根上デッキ

下屋根の上にウッドデッキをつくった例である。FRP防水の上にデッキを組むこともあるが、通常の板金屋根の上にデッキを組むほうがコストが落とせる

住宅が密集している立地ではあるが、2階デッキに適宜な高さの壁を設けることで、プライバシーを完全に確保しつつ良好な日射を取得することも可能。写真の外壁は93頁で紹介したウェスタンレッドシダーの目透かし張りとなっている

■ 断面図（S＝1:20）

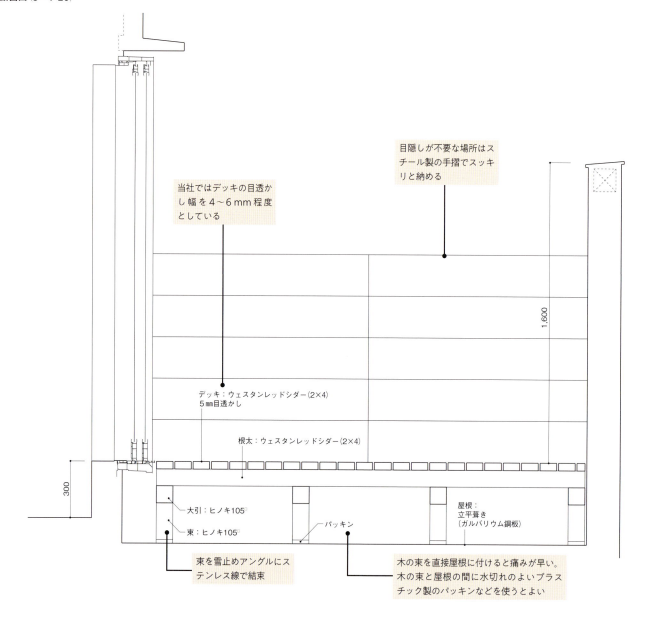

- 当社ではデッキの目透かし幅を4〜6mm程度としている
- 目隠しが不要な場所はスチール製の手摺でスッキリと納める
- デッキ：ウェスタンレッドシダー（2×4）5mm目透かし
- 根太：ウェスタンレッドシダー（2×4）
- 大引：ヒノキ105
- 束：ヒノキ105
- パッキン
- 屋根：立平葺き（ガルバリウム鋼板）
- 束を雪止めアングルにステンレス線で結束
- 木の束を直接屋根に付けると痛みが早い。木の束と屋根の間に水切れのよいプラスチック製のパッキンなどを使うとよい

# 7章

屋根・庇

屋根、庇、バルコニーも前章同様に建物の印象を大きく左右する。屋根の勾配が緩いか急か、軒の出があるかないか、軒先の処理などの影響はとても大きい。また屋根の納まりにおいて何よりも優先したいのは雨仕舞いである。デザインを整えながらも、防水性、水切れ、吹込みなどに十分配慮した納まりが必須である。また、屋根、庇、バルコニーには夏の日射遮蔽としての大きな役割があることも忘れてはならない。

## 屋根　緩勾配屋根

5／100程度の緩勾配屋根の場合、防水性を考慮し立平葺きを採用。緩勾配屋根はシンプルでスクエアな外観となる。写真の物件は内樋としているので、屋根の勾配がないようにも見える

写真の屋根勾配は奥から手前にかけて5／100から35／100へと途中で切り替わっている。奥は2階建てなのだが、つぶれて見えるため平屋に見える。南側の深い軒と全開口のサッシが特徴的

## 屋根　急勾配屋根

写真の建物は四角い平面の対角線上に棟を設けた変形の切妻屋根。比較的屋根勾配のある時はAT式横葺きを採用する。この物件では雨樋を省き、屋根の延長となる外壁にもAT式横葺きを採用した

雪止めアングルが目に付きやすい屋根形状の場合は、立平葺きだと張り方向が直行して目立ちやすいので、横葺きとすることが多い。屋根はつや消し黒のガルバリウム鋼板AT式横葺き、外壁は焼きスギ板張り

## 屋根　途中で勾配が変わる屋根

左頁でご紹介した屋根の途中で勾配を切り替えた例。この場合、切り替え部分の上下で屋根材を継ぎ足すと雨漏りの危険性が高くなるため、継ぎ手をなくし1枚板で施工。切り替え部分は予め工場で曲げ加工をしている

この物件は、写真左半分が2階建て、右半分が平屋となっており、室内の無駄なボリュームを削るため、片流れ屋根の途中で屋根勾配を変えている。屋根は立平葺き、外壁は角波張り、いずれもつや消し黒のガルバリウム鋼板を使用

## 屋根　軒の出ゼロの納まり

外観をスッキリさせコストダウンにもなる軒の出ゼロの納まり。危惧されるのは吹込みによるケラバからの雨漏りである。屋根下地と壁下地の防水シートを連続させることで、万が一の雨水の浸入にも不安はない

■ 断面図（S＝1：10）

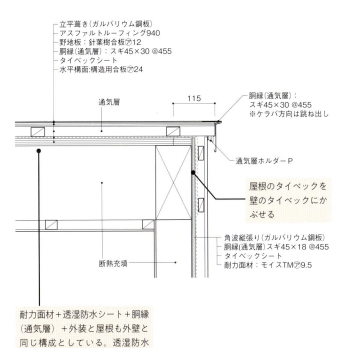

- 立平葺き（ガルバリウム鋼板）
- アスファルトルーフィング940
- 野地板：針葉樹合板⑦12
- 胴縁（通気層）：スギ45×30 @455
- タイベックシート
- 水平構面：構造用合板⑦24

115

通気層

胴縁（通気層）：スギ45×30 @455
※ケラバ方向は跳ね出し

通気層ホルダーP

屋根のタイベックを壁のタイベックにかぶせる

角波縦張り（ガルバリウム鋼板）
胴縁（通気層）スギ45×18 @455
タイベックシート
耐力面材：モイスTM⑦9.5

断熱充填

耐力面材＋透湿防水シート＋胴縁（通気層）＋外装と屋根も外壁と同じ構成としている。透湿防水シートを屋根から壁にラップさせることがポイントとなる

## 屋根　薄い軒先

軒の出のある建物は、軒先の厚みにより印象が大きく変わる。薄くシャープな軒先は建物をスッキリとシャープに見せ、建物全体のフォルムが美しくする

薄い軒先をつくるには、耐震、断熱、施工性などすべてを同時に検討する必要がある。耐震は登り梁と構造用合板で。断熱材は240mm厚を登り梁に隙間なく充填。軒先の跳ね出しは通気層も兼ねた屋根垂木とした

■ 断面図（S＝1:15）

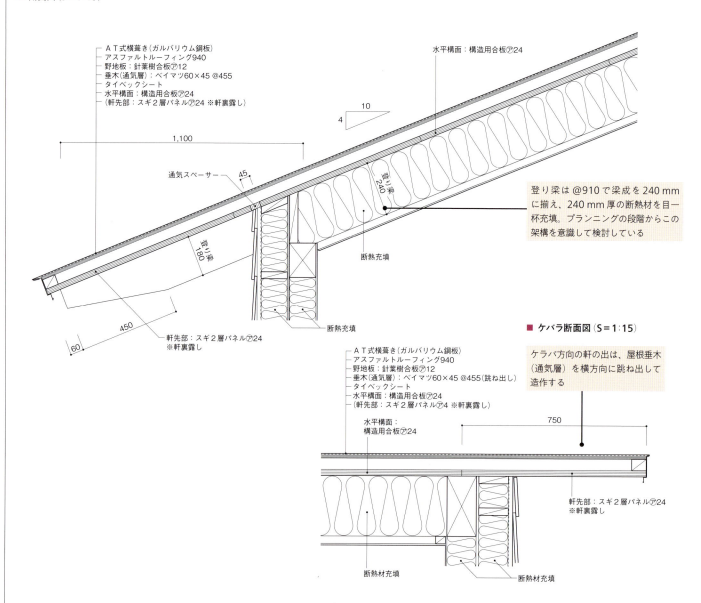

登り梁は@910で梁成を240mmに揃え、240mm厚の断熱材を目一杯充填。プランニングの段階からこの架構を意識して検討している

■ ケバラ断面図（S＝1:15）

ケラバ方向の軒の出は、屋根垂木（通気層）を横方向に跳ね出して造作する

## 屋根　深い軒先

かつて敷地内にあった東屋がこの住まいのモチーフ。壁のないパノラマの開口部と軽快な方形屋根がその特徴となっている。外周部の耐力壁はあまりとれないが、家の中心に耐力壁を集中させ、外周部のわずかな耐力壁でバランスをとる「センターコア工法」となっている。耐震等級は容易に3をクリア

1,820mmの深い軒先。ある程度の厚みが許容できればさほど難しくはない軒の出だが、厚みのある軒先は美しくない。1mの積雪荷重をクリアしながら深い庇を軽快に見せる工夫が施してある

■ 断面図（S＝1:15）

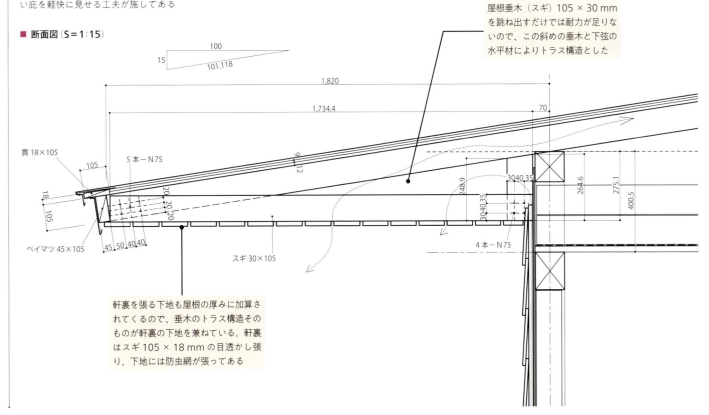

屋根垂木（スギ）105×30mmを跳ね出すだけでは耐力が足りないので、この斜めの垂木と下弦の水平材によりトラス構造とした

軒裏を張る下地も屋根の厚みに加算されてくるので、垂木のトラス構造そのものが軒裏の下地を兼ねている。軒裏はスギ105×18mmの目透かし張り、下地には防虫網が張ってある

## 屋根　よじれている軒裏をもつ庇

夏の日射を遮蔽するための庇。開口部の向きやサイズによってはうまく遮蔽できないので、十分な検討が必要だ。また単純に大きくすると冬期の日射取得がうまくいかなくなる

太陽の動きをシミュレーションしながら、夏の日射遮蔽と冬の日射取得の両方にとって都合のよい形を探り、それをそのまま庇の形とした。その結果、軒裏はよじれる形状をもつこととなった

■ 断面図（S＝1:30）　　　　■ 平面図（S＝1:30）

図面では2次元で表現してあるが、実際に施工すると3次元的な曲面を描くことになる

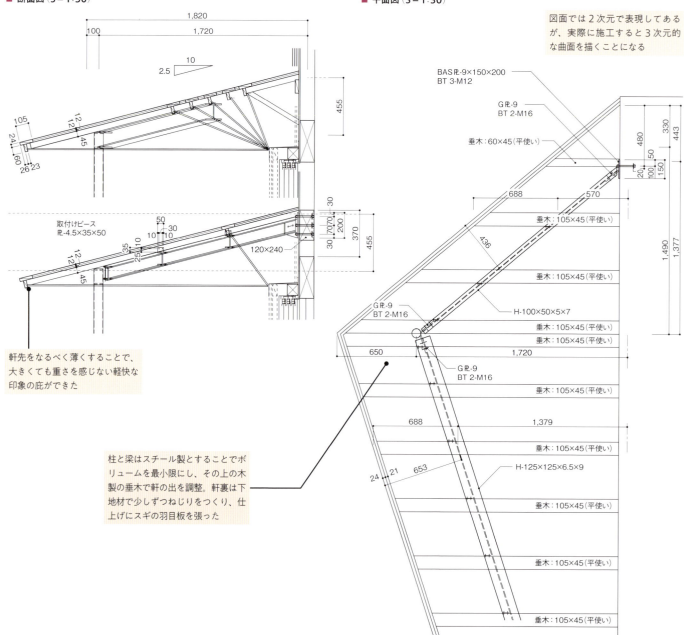

軒先をなるべく薄くすることで、大きくても重さを感じない軽快な印象の庇ができた

柱と梁はスチール製とすることでボリュームを最小限にし、その上の木製の垂木で軒の出を調整。軒裏は下地材で少しずつねじりをつくり、仕上げにスギの羽目板を張った

## 屋根　軒天見切

オーバーハング部の外壁と軒裏の見切は、なるべく最小限の部材で納めたいので、外壁を軒裏より少し下げて完了。としたいところだが、外壁がガルバリウム鋼板の場合は色の違う裏地が見える。また木毛セメント板の小口が濡れやすくなる

■ 断面図（S＝1:6）

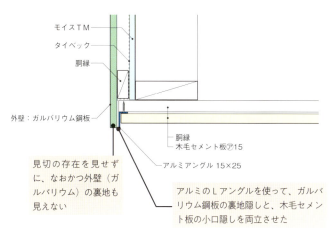

見切の存在を見せずに、なおかつ外壁（ガルバリウム）の裏地も見えない

アルミのLアングルを使って、ガルバリウム鋼板の裏地隠しと、木毛セメント板の小口隠しを両立させた

## 屋根　最小限雨樋

ファサードを整えていくと、正面付けの雨樋が気になる。「雨樋がなくてもどうせ雨が降っているのだから、雨垂れは気にならない」。そういう割りきった考えもある。しかし新潟では積雪時期の天気のよい時に雪解け水がダラダラ落ちてくる。これはさすがにつらい。そこで、出入り部分限定で水滴が落ちないように、最小限の雨樋をつくってみた。竪樋がないので、雨落ち部分の泥跳ねなどを防ぐために砂利を敷くなどの工夫も必要

■ 断面図（S＝1:8）

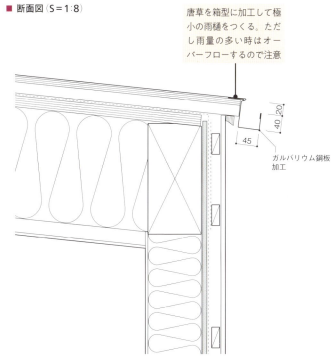

唐草を箱型に加工して極小の雨樋をつくる。ただし雨量の多い時はオーバーフローするので注意

| 屋根 | # 雨樋隠し板

雨樋を見えないように隠し板を設置した例。外壁材と同じウェスタンレッドシダーで塩ビ製の雨樋を覆った

新潟では屋根の雪がこの隠し板を押すので、取付け高さを加減して低めにする必要がある

端部はやや伸ばし、雨樋の小口も見えにくくするとより印象がよい。取付け金物はなるべく見えないように形状を工夫した

■ 雨樋隠し板詳細

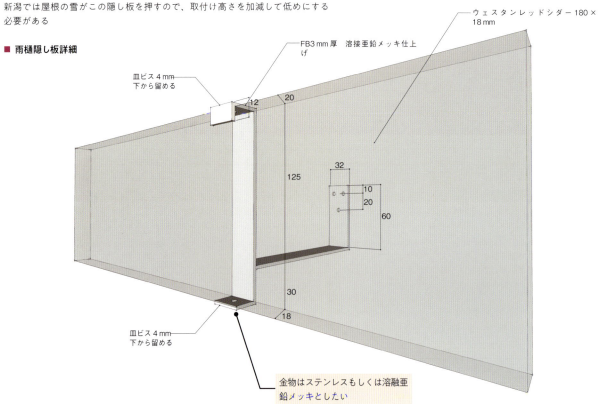

- ウェスタンレッドシダー 180×18 mm
- FB 3 mm 厚　溶接亜鉛メッキ仕上げ
- 皿ビス 4 mm　下から留める
- 皿ビス 4 mm　下から留める
- 金物はステンレスもしくは溶融亜鉛メッキとしたい

| 屋根 | 内樋

内樋は万が一の漏水を考え、雨樋の直下は屋内でなくベランダやテラスの場合に採用したい。そうでない場合は、落ち葉のつまりや劣化状況など定期的に点検する必要がある。内樋のある軒先は防水、通気、構造、意匠など多くの要素が絡み合うので、納まりを丁寧に検討する

■ 断面図（S＝1:12）

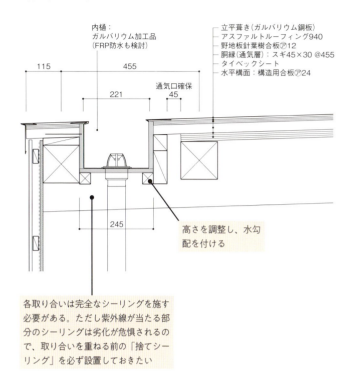

内樋：
ガルバリウム加工品
（FRP防水も検討）

立平葺き（ガルバリウム鋼板）
アスファルトルーフィング940
野地板針葉樹合板⑦12
胴縁（通気層）：スギ45×30 @455
タイベックシート
水平構面：構造用合板⑦24

115　455
221　通気口確保 45
245

高さを調整し、水勾配を付ける

各取り合いは完全なシーリングを施す必要がある。ただし紫外線が当たる部分のシーリングは劣化が危惧されるので、取り合いを重ねる前の「捨てシーリング」を必ず設置しておきたい

| 屋根 | 軒先に雨樋を付けない

前頁まで雨樋を小さくしたり隠したりしていたが、ここでは「そもそも付けない」方法を選択した例。水下側の外壁を屋根と同じ立平葺きとし、雨を屋根から外壁へと連続して落す。雨樋がないだけで、一気に外観がスッキリする。住宅らしくない、木造らしくない、そんな印象を抱かれるようだ

地盤での雨処理は、泥跳ねなども考慮して川砂利などを敷いてそのまま地盤に浸透させる方法をとっている。水ハケの悪い地盤の場合は暗渠を伏せるなどの工夫も必要となってくる。この場合、その外壁に開口部があると雨仕舞いがよくない。そこで東や西面の開口部がない壁に雨水を流すことを検討したい

## 庇　極薄吊り庇

どこまで庇を薄くつくれるか、チャレンジしてみた例だ。ただ薄いだけではなく、軒裏に羽目板を張っているが、羽目板が蒸れないように板の裏に空気層も設けたい

1mm厚のステンレス板だけでは波打ってしまう。そこでその裏に24mm厚のラワンランバーを全面接着して一体フレームとし、その下に羽目板張りの下地兼空気層として12mm厚の胴縁、12mm厚のスギ羽目板張りで仕上げている。厚み 1 + 24 + 12 + 12 = 49mm の極薄庇が完成した

■ 平面図（S＝1:30）　　　　■ 断面図（S＝1:30）

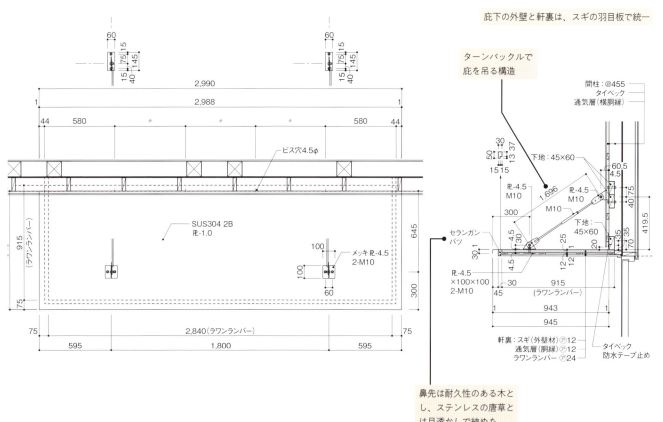

庇下の外壁と軒裏は、スギの羽目板で統一

ターンバックルで庇を吊る構造

鼻先は耐久性のある木とし、ステンレスの唐草とは目透かしで納めた

## 庇　ガラスの庇

スッキリとした外観に庇を付ける。いやできればこの外観には庇は付けたくない。そこで存在感を消すためにガラスの庇を考案

スチールのブラケットに強化ガラスを乗せる。当然耐雪型。ここでも雨樋が気になってくるので、庇根元を水下とした逆勾配に。ブラケットの取付け部分に小型のステンレス雨樋をビルトインさせ、雨処理する

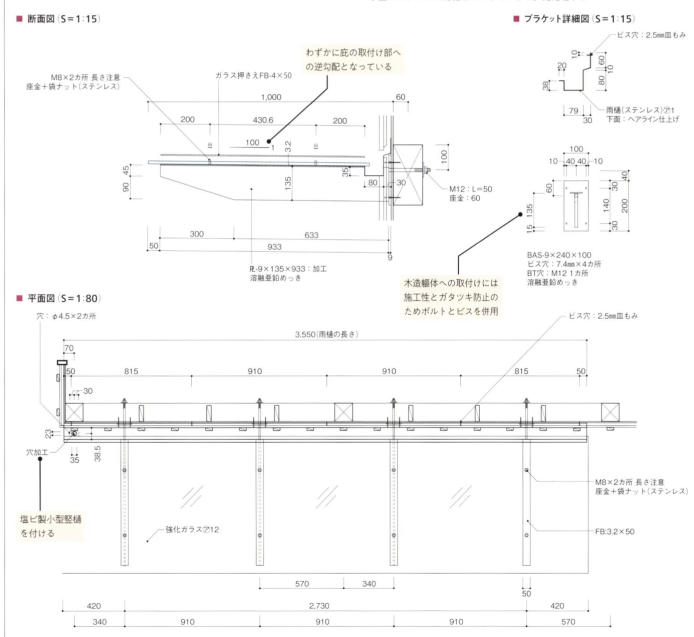

■ 断面図（S＝1:15）

■ ブラケット詳細図（S＝1:15）

■ 平面図（S＝1:80）

## 庇　矩折り庇

玄関に庇がほしい、雨風を防ぐ壁もほしい、雨樋はないほうがいい、もちろんコストは抑えたいを形にした例。雨は緩い片勾配屋根から壁を伝って落ちる。基礎をつくらずに持ち出し構造とし、コストを省いた。なお、庇の持ち出しの梁の付け根部分は、しっかりと補強する必要がある。本物件では特注で金物をつくったが、カネシンの出窓受補強金物「アングルブラケット」なども流用できそうだ

■ 垂壁断面図（S＝1:30）

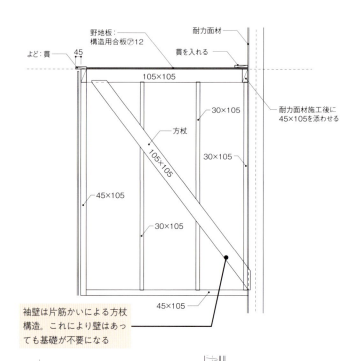

袖壁は片筋かいによる方杖構造。これにより壁はあっても基礎が不要になる

■ 平面図（S＝1:30）

■ 正面図（S＝1:30）

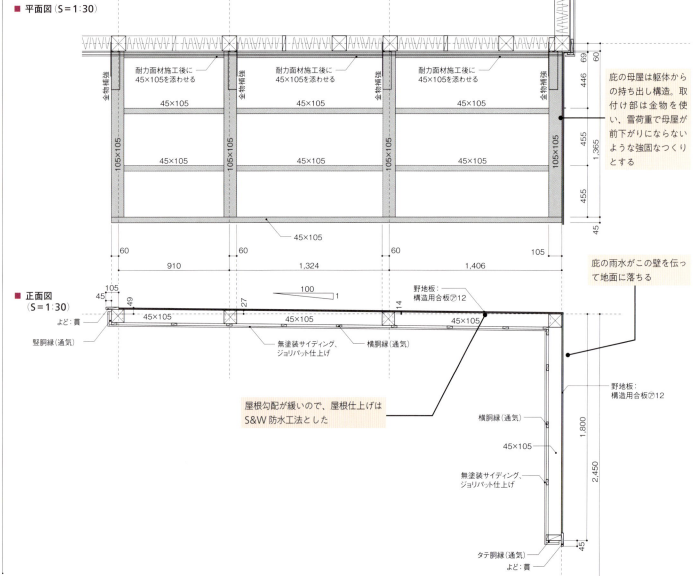

庇の母屋は躯体からの持ち出し構造。取付け部は金物を使い、雪荷重で母屋が前下がりにならないような強固なつくりとする

庇の雨水がこの壁を伝って地面に落ちる

屋根勾配が緩いので、屋根仕上げはS&W防水工法とした

## 庇 | 大型の庇

出幅が約1mの庇。壁や柱を立てると費用がかさむので、屋根だけで自立する庇とした。使用した材料も厚板合板と板金のみ

■ 断面図（S＝1:15）

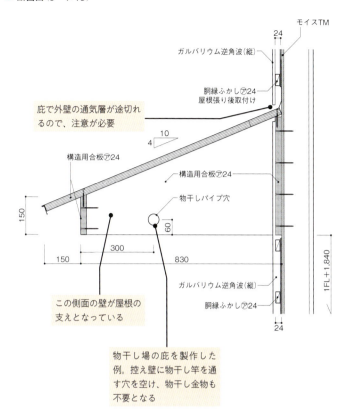

- モイスTM
- ガルバリウム逆角波（縦）
- 胴縁ふかし⑦24 屋根張り後取付け
- 庇で外壁の通気層が途切れるので、注意が必要
- 構造用合板⑦24
- 構造用合板⑦24
- 物干しパイプ穴
- この側面の壁が屋根の支えとなっている
- ガルバリウム逆角波（縦）
- 胴縁ふかし⑦24
- 物干し場の庇を製作した例。控え壁に物干し竿を通す穴を空け、物干し金物も不要となる

## 庇 | ミニマムな合板＋板金の庇

これも厚板合板と板金だけの庇。出幅が240mm程度までなら、このくらいシンプルにつくることも可能である

■ 断面図（S＝1:6）

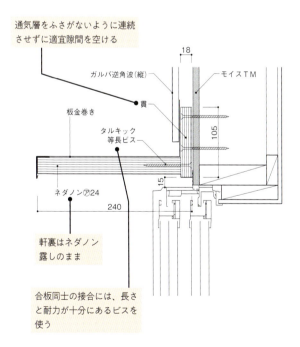

- 通気層をふさがないように連続させずに適宜隙間を空ける
- ガルバ逆角波（縦）
- モイスTM
- 貫
- 板金巻き
- タルキック等長ビス
- ネダノン⑦24
- 軒裏はネダノン露しのまま
- 合板同士の接合には、長さと耐力が十分にあるビスを使う

# 庇 ミニマムなスチール庇

4.5mm厚のスチール庇。積雪荷重を考慮するとこの板1枚だけでは曲がってしまう。そこで庇の上端にリブ部材を取り付けて、強度を確保した。庇上端で補強しているので、下からの見上げはフラットな仕上がりになる。なお、庇の表面は溶融亜鉛めっき仕上げ

庇上にリブなどを溶接した場合、歪みが下部にも現れることもある。心配であれば、庇上にボルトを点付けして、L型加工したリブなどをボルトナットで取り付けるなどの方法もある

■ 断面図（S＝1:20）　　■ 平面図（S＝1:20）

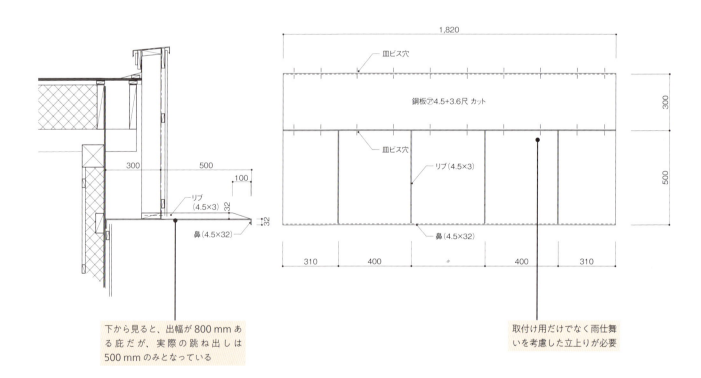

下から見ると、出幅が800mmある庇だが、実際の跳ね出しは500mmのみとなっている

取付け用だけでなく雨仕舞いを考慮した立上りが必要

## 庇　バルコニーと庇を一緒に

玄関の上にバルコニーを配置すれば、バルコニーがそのまま玄関の庇となる。非常に合理的であると同時にバルコニーがファサードのアクセントにもなる。ここではより軽快に見せるため両端の壁を吊り構造などで強固なつくりとし、そこにバルコニーの鉄骨梁が渡している。鉄骨梁の下にはスチール庇を吊り下げ、上にはウッドデッキを敷いている

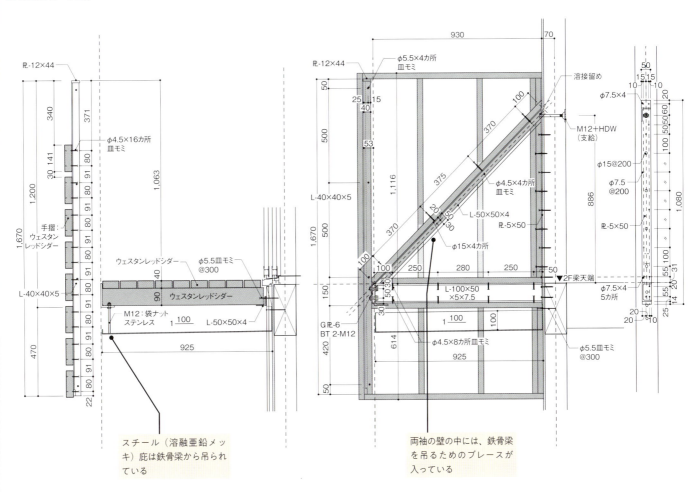

## 庇　持ち出しバルコニー

躯体が金物構造の場合は、梁受け金物と絡めて取付けできるブラケットを製作すると、施工性がよく安定した取付けも可能となる。同時にバルコニーの手摺のデザインも考慮し、ブラケットと手摺支柱の関係も検討する

前頁のバルコニーと比べるととてもシンプルな構造である。スチール製の持ち出しブラケットのみで構造が成り立っている

■ 断面図（S＝1:20）　　　　　　　　　　　　　　　　　　■ ブラケット図（S＝1:20）

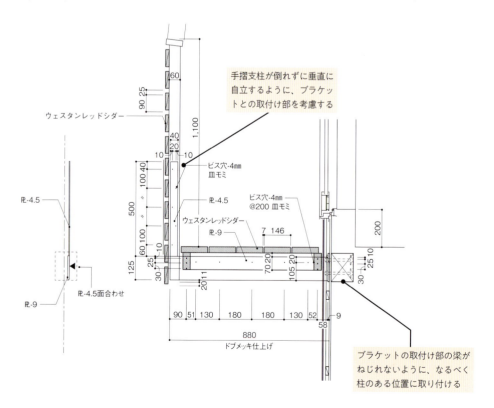

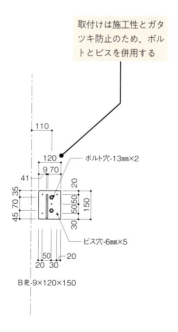

- 手摺支柱が倒れずに垂直に自立するように、ブラケットとの取付け部を考慮する
- ブラケットの取付け部の梁がねじれないように、なるべく柱のある位置に取り付ける
- 取付けは施工性とガタツキ防止のため、ボルトとビスを併用する

## 庇 ガラスの渡り廊下

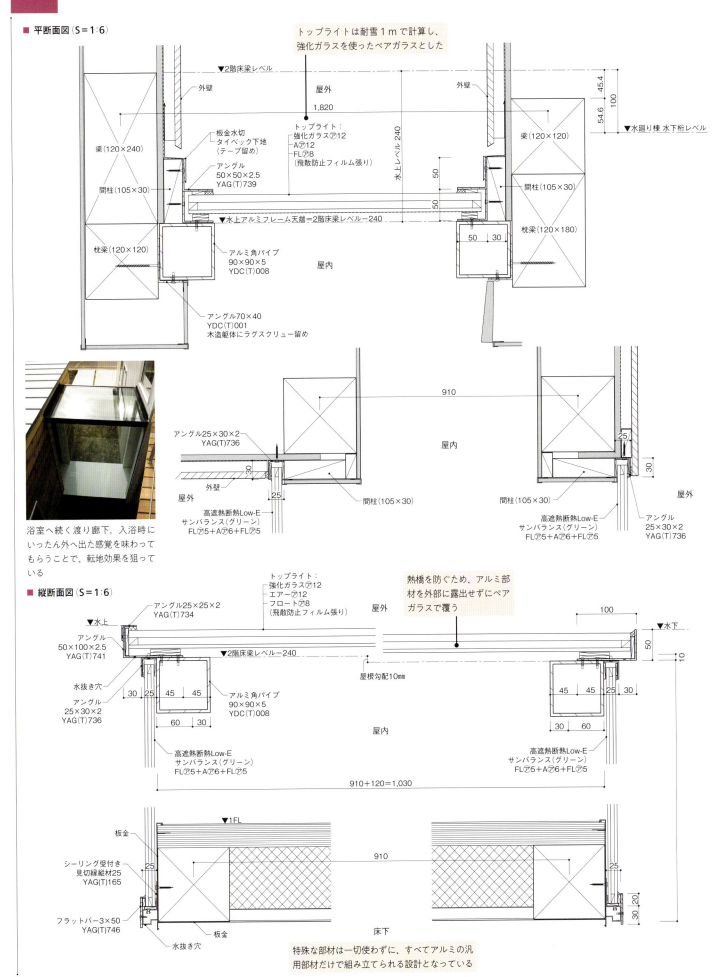

# 敷地の個性が
# そのまま住まいの個性に──タトウノイエ

LDK棟は前面道路からのプライバシー確保と、南の日射を考慮した位置とした。壁・天井の仕上げはモイス内装用、床板はパイン、キッチンと食器棚は造作。ダイニングテーブルはスチールフレームとスプルース3層パネルの組み合わせで製作した

[左] 和室。サッシは2枚引きを利用した全開口サッシ　[中央] 洗面脱衣室。洗面台は造作。掃出しサッシの外はウッドデッキの物干し場で、外部からは見えない
[右] LDK棟と和室棟の間のウッドデッキ。視線がずれるように両棟は高低差があり、窓も斜めに向き合っている

渡り廊下から和室を見る。和室と廊下は斜めにつながり、高低差が階段3段分ある

木造の片持ち階段。階段構造に必要な最小限の形を探したら、このデザインとなった

敷地の個性に素直に設計した、非常にユニークな外観となった。複雑な建物をスッキリ見せるために軒先の雨樋を省いている

1mの高低差があるL型の敷地に建つ家である。敷地の形状と高低差を考慮しながら各棟が点在し、直にまたは渡り廊下でつながりながら、適度な距離をとりながら関係性を保っている。間取りによりできた平面的な凹みは、リビングと和室をつなぐウッドデッキや周りからは見えない物干し場となり、それぞれが機能している。また一部を除き平屋とすることで、許容応力度計算により耐震等級3を容易にクリアすることができた。

## 平面図（S=1:200）

**建築概要**
構造・階　木造2階建
敷地面積　258.77 m²
1階床面積　85.35 m²
2階床面積　34.57 m²
延床面積　119.92 m²
（車庫面積は除く）

唯一の2階は子供たちが使うスペース

LDK棟は、前面道路からは和室棟の陰になり見えにくい

地面に接していない渡り廊下。構造的にはエキスパンションジョイントとなる

2階建ての棟はスキップフロアになっているが、段差を梁成内で納めることで、通常の2階建ての構造計算でクリアできる

## 矩計図（S=1:60）

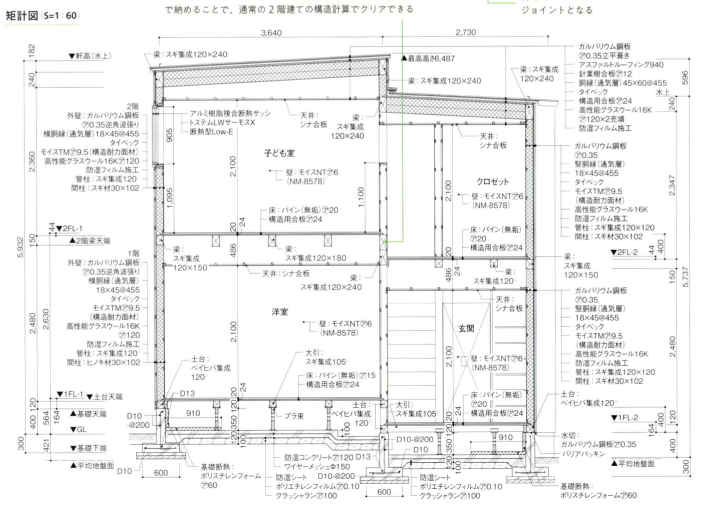

# 小山の麓に建つ山小屋風住まい
## ──篭場のほぼ平屋

リビングからキッチンを見る。左奥は6帖の主寝室。中央をカーテンで仕切り、奥の3帖を寝室に、手前の3帖はリビングの延長として使う

[左] キッチンからリビングを見る。延床面積が24坪と非常に小さい住まいだが、各方向に視線が抜け、窮屈感は一切ない
[右] この家には雨樋が一切ないので、ウッドデッキの雨水が落ちる場所にはFRPのグレーチングを設け、雨水の跳ね返りを防いでいる

[左] 2階の小屋裏空間の子供室　[中央] 洗面脱衣室。脱衣から洗濯、物干しまでがまとめて行え、乾いた衣類は隣接するクローゼットに収納できる
[右] デッキと全開口サッシ。戸袋はオプションのアルミ製のものを使わず、木製で現場造作した

東側と北西側の外観。深くて薄い軒先と、階高を低めに抑えた大屋根が特徴的な外観。外壁は新潟県産のスギ雨板張りにウッドロングエコを塗布

約100坪の土地に計画した延床面積24坪の小さな家である。敷地に余裕があると配置が自由になる。日照や景観を考慮した向き、奥行きのある植栽スペースなど、理想的な配置が可能となった。また視線の抜けや空間の有効利用など小さい家ならではの工夫を随所に施し、結果、閉鎖感のまったくないちょうどよい広さの室内空間が実現できた。なお、断熱性能は$U_A$値=0.27W/m$^2$KとHEAT20のG2グレード相当である。

## 平面図 (S=1:200)

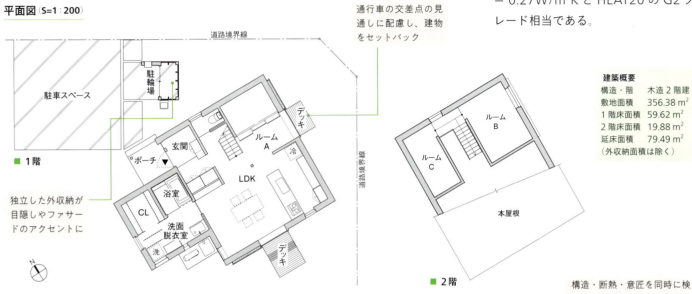

**建築概要**

| | |
|---|---|
| 構造・階 | 木造2階建 |
| 敷地面積 | 356.38 m$^2$ |
| 1階床面積 | 59.62 m$^2$ |
| 2階床面積 | 19.88 m$^2$ |
| 延床面積 | 79.49 m$^2$ |

（外収納面積は除く）

## 矩計図 (S=1:60)

構造・断熱・意匠を同時に検討し、薄く深い軒先となった

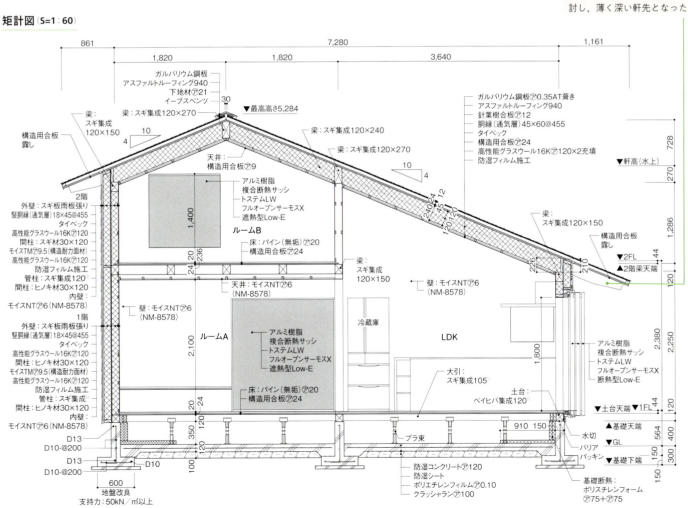

佐藤高志 ——————— 1968年新潟県三条市生まれ。'91年大学卒業後、自動車販売会社で営業マンとして勤務。'95年に実家であるサトウ工務店で大工として従事した後、'97年長岡市の高田建築事務所に勤務。2002年再びサトウ工務店に就任、一級建築士事務所として登録。'10年より同社代表取締役。全棟長期優良住宅、耐震等級3の標準化など性能にこだわりつつも、立地の個性を活かしたデザイン性の高い住まいの設計を得意としている。'18年には建築コミュニティ「住学（すがく）」を結成。同業者のネットワークとして、技術のスキルアップ、SNSなどの活動を行っている。

サトウ工務店 ——————— 〒955-0165新潟県三条市高屋敷65-1
tel.0256-46-2176　fax.0256-46-2656
www.sato-home.co.jp
satoh-koumuten65@sirius.ocn.ne.jp

# デザイナーズ工務店の
# 木造住宅納まり図鑑

2019年9月17日　初版第1刷発行
2020年4月17日　　第2刷発行

**著者**　　佐藤高志

**発行者**　澤井聖一

**発行**　　株式会社エクスナレッジ
　　　　　〒106-0032
　　　　　東京都港区六本木7-2-26
　　　　　http://www.xknowledge.co.jp/
　　　　　販売 TEL 03-3403-1321／FAX 03-3403-1829
　　　　　編集 TEL 03-3403-1381／FAX 03-3403-1345
　　　　　info@xknowledge.co.jp

無断転載の禁止
本誌掲載記事（本文、図表、イラスト等）を当社および著作権者の承諾なしに
無断で転載（翻訳、複写、データベースへの入力、インターネットでの掲載等）することを禁じます。